武術コミュニケーション

林隆志

Parade Books

目次

第2章　武術の健康概念　28

第3章 武術の指導概要 59

序章

これからの新しいコミュニケーションツールとしての武術

我が門派である自然門武術（注1）の先々代、万籟声（マン・ライセイ）師父（注2）はその著書『武術汇宗』一九二八年出版の中で「武術の奥深さは極限に達している」と述べられました。中国武術は身体と精神を修練して自分を磨き、心を耕し、成長させます。その究極の目標は長寿で健康を保ち心身を強くすることです。これは万人の方に受け入れられるでしょう。また、先代の呂耀鉄（ロ・ヨウテツ）師父（注3）は、武術について「身体障害でも、精神疾患でも、言葉が通じなくても、学ぶことができる」と語られ、事実あらゆる人たちを指導しておられました。本書は武術による健康法、社会的役割、指導方法などについて述べてまいります。

（注1）自然門武術、峨眉山発祥の中国武術。
（注2）万籟声師父、中国五虎と称された自然門武術中興の祖。
（注3）呂耀鉄師父、万籟声師父から自然門武術を二十六年間学び、後に正式に独立を認められる。

第1章　武術の起源について

一　武術はどこから来たのか

そもそも武術とはいったい何なのでしょうか。ここでは武術をおおまかに説明していきたいと思います。まずは武術の源を探っていきましょう。

人類は紀元前五千年ごろまで（諸説あり）家族や群れの単位で狩猟、採取を行うといった統治機構のない社会の下で生活を営んでいました。狩猟採集社会では社会秩序を保つ統治機能がなかったのですから、あらゆる犯罪（殺人、レイプ、強盗など）が日常的にあったはずです。その後、国家や都市が統治する農耕社会に移行していきましたが、統治機能を持った農耕社会ができ上がってからも、社会の治安維持が難しくなれば自分の身は自分で守るのが常でした。近代以前は常に芥川龍之介の著書『羅生門』さながらの世界であり、強い者が正しい、半ば暴力が幅を利かせる世の中だったのです(注1)。

そのような混沌とした世界から武術が、どのように発生し、発展してきたかは研究者や武術家の間で議論されてきましたが、このテーマについて明快な答えを得ることはいまだできていません。武術には相手を倒すための暴力が内在することは疑いようのない事実であり、その「暴力」が感謝、謙虚、尊敬という純然たる目的（武徳）を備えた「武術」にまでどのように昇華したのでしょうか。

日本の中国武術第一人者の松田氏は、

「多くの種類の武術や武器や多くの人によって研究されつづけ、それらは長い年月の経験によって改良され、年月の経過と共に段々と高度に進歩して行き、やがて力の弱い者でも身を護り、敵を倒すことのできる、巧妙な武術が完成されました。いかなる国でも、そこに人類が存在する限り、かならず闘争が……中略……『中国武術の起源はいつ頃に、だれによって始められたか?』という問題がとりあげられることがありますが、武術の起源は一個人ではなく、多くの人の体験による研究が少しずつまとめられ、完成されたものと見るべきと思います」(『中国拳法入門』松田隆智著、新星出版社、一九七九年、六頁ほか)

自然門武術、万籟声師父曰く、

「我が国［中国］の武術はいつの時代に起源し誰によって創られたか、知るよしもない。周秦に起源すると言う者があれば、晋末に起源するという者もいますが、説明できない史記によれば漢武帝は雑技表演を好んで観ていた隋文帝は格闘技、馬術、弓術に優れた者を集めようとしていたらしい、我が国の武術の発達が早かった事が窺える」（『武術汇宗』万籟声師父著、山西科学技術出版社、一九二八年）（［　］は引用者）

武術の起源については、高名な方や我が門派の万籟声師父もわからないと述べておられます。「武術学」のような研究分野や史記などの歴史分野に解答を求めるのではなく、武術の持つ「真理」に主題を置いて武術の起源を考えてみましょう。

最初、達摩大師（達磨「ダルマ」と記される場合が多いですが、我が門派では達摩と記しています）（注2）が武術を創始したのではないかと推測しました。それは達摩大師が飛び抜けて優秀で、師から名前を「お前はすでにあらゆる真理『ダルマ（法）』に通暁した」と呼ばれた名僧だったからで、一九二八年に出版された『武術汇宗』にも達摩の流れを汲むと記され、達摩大師の残した「易筋経」（注3）などは、我が門（自然門武術）に今でも受け継がれています。達摩大師と武術のつながりを示唆する伝説が残されています。一説によると達摩はインドから来た王子で戦士の初等訓練を受けていたのではないかといわれており、達摩大師が少林寺の僧侶に武術を教えたというものです。この伝説について確証はありませんが、実際に「易筋経」を正しく練功（注4）すると、記されているのは攻守の動きが備わった武術の技（用法）であることが理解できるのです。練功を重ねれば重ねるほどに「伝説」が「事実」の延長上にあることを実感し、達摩大師が少林寺の僧侶に武術を教えていたことが簡単に想像できます。達摩大師が考案したといわれている「十八羅漢手」は「易筋経」の発展型であり、少林拳（注5）（嵩山少林寺）の源流として今でも継承されております。

万籟声師父曰く、

「易筋経」は後年鍛錬するものにより筋を強くし骨を逞しくする。「達摩大師は栄の国から魏の国に赴き嵩山少林寺にて壁に向いて坐禅をしました、貧しい生活のため徒弟達［僧］は毎日運動する事もできず、徒弟ら［僧］が怠けたり、たるんだりする事を恐れたので武術を教え始めたこれが実質的に少林派の始まりです」（『武術汇宗』万籟声師父著、一九二八年、一～二頁）（［　］は引用者）

達摩大師と徒弟たち（僧）の対話や少林派（嵩山少林寺）の成り立ちなどを垣間見ることができます。ここで深く考慮し、これら師と弟子の相互伝達を遡っていきますと武術を含めた東洋思想の源流に行き着きます。それが「拈華微笑」です。

今からおよそ二千六百年前、霊鷲山（グリドラクータ）上でお釈迦さまがある日、会座の場で一本の花を手に取り、そのまま黙っていました。みんなには何の意味だか解りません。そんななか、一番弟子の大迦葉（摩訶迦葉）だけがその意を悟りにっこり微笑みました。お釈迦様は「我に正法眼蔵あり（私に仏教の真理が宿っている）不立文字（注6）、教外別伝、今、摩訶迦葉に付する（その真理を与える）」と言った。

お釈迦様（師）と摩訶迦葉（弟子）の微笑ましい、この以心伝心が武術の起源です。「正しい教え」である悟りは「不立文字」（文字で説明できず）、経験もしくは体感などによって習得するものであるとされています。例えば一つの方法としては毎朝四時に起きて自然門武術の練功をすれば悟りに近づくかもしれません（悟れるかは全く不明です）。その達摩大師はお釈迦様より始まって、その二十八代目が禅宗の祖師にあたります。お釈迦様の教え（正法）は途切れることなく、弟子の達摩様に継承されました。同様に、重要な点は、仏教の骨子にあたる部分が「慈悲」であるということです。人間の原始的で粗悪な欲求である「暴力」に慈しむ心「慈悲」が加わり、「武術」に生まれ変わったと理解します。武術には殺人芸術といわれる技も数多くありますが、その技術は慈悲によって包み込まれているので、その道を極めようとすれば素晴らしい人間を育むことができるのです。これらを踏まえて、武術の起源は、「拈華微笑」という出来事に始まり、始祖がお釈迦様であると結論づけるのが、最も適切ではないでしょうか。

（注1）『暴力の人類史』チーブン・ピンカー著、青土社、参照。

（注2）菩提達摩とは、日本では赤色の張子で製作されている置物で有名。サンスクリット語で「ダルマ」（dharma）、漢訳仏典では音写されて達摩（だつま）、通常［法］と訳されている。『既而尊者謂曰』「汝於諸法已得通量。夫達磨者通大之義也。宜名達磨」。因改號菩提達磨《景德傳燈錄》巻三、菩提達磨章）。もともと「菩提多羅（ぼだい・たら）」という名前であったところへ、師の般若多羅（はんにゃ・たら）尊者という人が「菩提達磨」という名を与えたとされている。その意味を尊者は「汝、諸法に於て已に通量を得たり。夫（そ）れ〝達磨〟は、大に通ずるの義なり。宜しく〝達磨〟と名づくべし」と説明している。お前はすでにあらゆる真理（法）に通暁した、だから「大いなるもの

に通ずる」という意味の「達磨」を自らの名とするがよい、ということで、菩提達摩がどれほど偉大な人物だったかは、名前の由来からも知ることができる。参照『達磨の研究』（関口真大著、岩波書店、一九六七年）。

（注3）易筋経とは、腹式呼吸による簡単な運動によって、内臓を鍛え、体調をより良く作り上げる効能があるといわれている。

（注4）練功とは、おおよそ武術練習という意味。

（注5）少林拳（嵩山少林寺）、中国の河南省鄭州市登封の寺院で、練功されている武術門派の総称。達摩大師が面壁（坐禅）を行った場所。

（注6）武術の修練は不立文字で、視覚や聴覚からの情報より、体験や経験を尊重する。

二　ブルース・リー

近代武術界の大功労者はブルース・リー（注1）です。お釈迦様から始まり、東洋のごく一部の地域でのみ行われていた武術をブルース・リーは全世界へと知らしめたのです。ちなみにカンフーという言葉は広東語で功夫（注2）と記します。ハリウッド初の東洋人アクションスターで、その端正な顔立ちと鍛え上げられた肉体はまさに芸術品であり、そのうえ演技力も抜群。白人社会の中で堂々とした振る舞いで自己を表現し、西洋人が抱いていたアジア人のイメージを大きく変えることになりました。おそらく西洋文化圏の民衆が東洋文化に憧れるきっかけを初めて作った人です。このとき、ブルース・リーは数名の有名ハリウッドスターを弟子に抱えていました。このような東洋人が今までいたでしょうか、彼はその能力を映画や武術以外の世界でも開花させ、その影響力は計り知れないものになりました。武術家としては一九六六年にジークンドー（截拳道）を創始しました。英語表記で“The Way Of The Intercepting Fist”直訳しますと「拳を遮る方法」なのですが、漢字表記の最後に「道」が入っています。截拳でなく「道」を入れているところが特筆すべき点で、武術には終わりがないことを明確に意思表示しています。映画『燃えよドラゴン』（一九七三年）の冒頭で弟子への教えに仏法の真理、禅の「月を差す指」の話が使われていますが、このシーンからもブルース・リーの東洋哲学への造詣の深さに感じ入ります。彼の東洋思想、禅の哲学的素養も同様にもっと評価するべきです。そんな彼がインタビューで「武術とは」との問いにこのように述べました。（注3）

“ultimately martial arts means honestly expressing yourself”
「究極的には武術とは自分を正直に表現するもの」

続いてブルース・リーは最も大切なことを述べています。

インタビュアー「あなたは自分を中国人だと思いますか、それとも北米人だと思いますか?」
ブルース・リー「私は、一人の人間だと思っています。なぜなら、この空の下、私たちは、一つのファミリーでしかありません。それぞれが違って見えるのは、単なる偶然です」

彼を最も尊敬する点はこの一文です。彼のアクションや武術を上回る清々しい心ばえです。人の違いは肌の色、国籍、宗教、そんなものではなく、内面にあるハートの違いが一番大事だということです。映画という媒体で世界を席巻したブルース・リーの聡明さに感激します。これが本当の博愛主義者であり、武術を志す者は彼の哲学も見習わなければならないでしょう。

（注1）ブルース・リー（一九四〇年十一月二十七日―一九七三年七月二十日、享年三十二歳）。截拳道（ジークンドー）を創始したマーシャルアーティストとしても知られる。香港の武術家、武道家、俳優、脚本家、映画プロデューサー。
（注2）功夫とは、中国武術の「練習・鍛錬・訓練の蓄積」。武術の上手な人に「功夫がありますね」と言う。
（注3）ピエール・バートン・ショーから。（Pierre Berton Show、一九七一年）

三　東洋思想と西洋思想の武器と将棋

西洋でも同じように部族同士が対立したはずなのに、なぜ西洋武術は事実上消滅したのでしょうか。中世以前、洋の東西を問わず相手を倒す武器（剣や槍）の素材はたかだか鉄や木でした。戦闘時に武器を使用すれば相手を倒しやすく、怪我のリスクが下がるので、それらを用いましたが、武器を上手に扱うのには身体の修練が必須でした。

その後、東西の武器に対するアプローチが違っていきました。東洋では自分自身を鍛えて武器を扱うことを重視し、武器（対象物）に対しては、なるべく自然の状態が良いと考え、加工も最小限にとどめる代わりに自己研鑽に情熱を傾け、武器を自由自在に操ることを良しとしました。「弘法筆を選ばず（注1）」この諺が東洋の物（対象物）に対する根本思想になっていると思えます。それは対象物ではなく、自己鍛錬に重きを置く考え方です。

西洋では武術という「殺しの技術」を自己鍛錬でなく道具の機能によって追求しました。例えば「弘法筆を選ばず」で言うところの「筆」の機能を、誰でも上手に書けるように追求したのです。西洋では人間は不器用にできていると理解していたようで、誰でも扱えるように道具（対象物）の方の研鑽を重ねていきました。その進歩の過程で飛び道具が開発され、己の身体を使うことがあまり必要でなくなったので、西洋からは武術が消滅していったのです。西洋は火の出るような情熱を対象物（自然を含む）に注ぎ込み、その発展は産業革命、近代科学につながり、最後は核兵器の使用にまでつながりました。

東西武術比較として弓は良い事例です。弓の発明当初は、竹や木、動物の骨でできた単純な道具（弓と矢）です。東洋では、弓の構造自体は現代でも発明されたときからそれほど変わっていません。日本の弓道の場合、現在でも初心者が弓を絞って矢を左の親指に乗せることすら非常に困難で、どうにも扱いが難しくやはり技術を要します。その技術は単なる「やり方」というようなものでなく、より深遠なものになって身体的技術から発展し、日本弓道では精神修養、禅と融合していきました。西洋の最新洋弓は滑車システム、スタビライザー、照準セットなどを搭載しており、至れり尽くせりで、全くの初心者でも数回練習すれば的に当てることができる仕組みになっています。洋弓が著しく発展して万人がすぐに扱えるようになっているのが見て取れます。

どうやら東洋思想（禅仏教）は対象物に対して内（己）に向ける風があるようです。このことは武術や東洋思想における一子相伝や秘伝という習わしに見出すことができます。武術や東洋思想など一般に公開をするのを嫌がるのは、技術の対象を己に向けるので、結局人それぞれ違ってくるという理由があるのかもしれません。西洋思想では対象物に対して技術革新が行われますので、その物（対象物）が公に晒され情報が公開されるのは必然で隠しようがないというのが本音だったのではないでしょうか。また、日本の道具（ノコギリ、カンナなど）は主に引いて（内側）用い（注2）、一方で西洋は主に押して（外側）用いるという文化は、それぞれの思想に反映されています。よくいわれるような、日本人は発想する力が弱く、他民族の文化を真似して、それを独自に掘り下げて改良改善していくことに堪能なのは、このような特性があるからだと思います。日本史において織田信長、現代ではサッカーの本田選手（注3）というのは、うがった言い方で狂い咲きなのです。またある記事に東洋思想から西洋思想に切り替えて革新が起こった実例があります。将棋の羽生九段（注4）がラグビーの平尾選手（注5）について語っている記事の中に、

　ライバル同士が会をつくって腕を磨くのは、当時の将棋界では異例で、「手の内を明かしたら対戦時に不利になるのでは」と疑問を投げかけられてもいた。それでも、新しい戦術を探求する島研メンバーの姿勢はぶれず、後のスター棋士たちが続々と巣立った。「将棋の世界は、戦術がどんどん刷新、更新されていく。…（中略）手の内をすべて公開して（将棋界全体で）前に進んだ方がいいじゃないかと」

『平尾誠二を語る』橋野薫・込山駿著（草思社、二〇二〇年、「勝負師二人の『与えれば与えられる』絆
将棋・羽生善治九段」より。傍点は引用者）

「手の内を明かしたら」ここが髄になる箇所です。今まで公にしなかった（東洋方式）のを公にして（西洋方式）切磋琢磨したら棋士が圧倒的に強くなった。これが思想改革して成功した実例です。革命者たちが現在も将棋界のトップにいるのが何よりの証拠で、当の本人たちが、それが東洋思想から西洋思想への革新をしたことに気付いておられるかはわかりません。

（注1）「弘法筆を選ばず」とは、能書家の弘法大師はどんな筆であっても立派な字を書くことから、その道の名人や達人と呼ばれるような人は、道具や材料のことをとやかく言わず、見事に使いこなすということ。下手な者が道具や材料のせいにするのを戒めた言葉。

（注2）竹中大工道具館技能員・北村氏は日本カンナの内引きについて「日本の人はとことんこだわりたいみたいで、きれいに仕上げるには引く方が微妙な力加減ができるかなと思う」（宮大工千年の技・失われゆく工匠の知恵を守れ『ガリレオX』から）。

（注3）本田圭佑（ほんだけいすけ）は、大阪府摂津市出身のプロサッカー選手。ポジションはFW・MF。元日本代表。サッカー指導者。カンボジア代表GM・監督。サッカークラブ経営者。日本の実業家。二〇二〇年現在。

（注4）羽生善治（はぶよしはる）は、日本の将棋棋士。永世竜王、十九世名人、永世王位、名誉王座、永世棋王、永世王将、永世棋聖の称号資格保持者、二〇一八年国民栄誉賞受賞。

（注5）平尾誠二（ひらおせいじ、一九六三年一月二十一日―二〇一六年十月二十日）は、京都出身、ラグビー選手。日本代表選手であったほか、日本代表監督、神戸製鋼コベルコスティーラーズ総監督兼任ゼネラルマネージャーなどを歴任し、ミスター・ラグビーと呼ばれた。

四　日本の武道について

武道という言葉は比較的新しい言葉です。嘉納治五郎先生（注1）は相手を思いやる人として正しい道、柔術から柔道へと名前を改め明治十五年（一八八二年）に講道館を設立しました。次に武士道が明治四十一年（一九〇八年）に日本に逆輸入され、新渡戸稲造著『武士道』が道徳教育を示す概要になり、当時の教育者たちは大いに賛同しました。それから大正十一年（一九二二年）の帝国議会にて、元警視総監で剣道家の西久保弘道先生が、青少年育成のために学校教育の一環で発議され、柔剣道を特に「武道」とし、武道振興に努力なされました。文部省の用語として「撃剣」が「剣道」に代えられたのは大正十五年（一九二六年）です。その結果、武道という言葉が定着しました。

「道」は哲学的に人生や生き方という意味合いで使われています。「武道」では戦う相手は他人でなく自分自身の弱い心であるという考え方を、教育者でもあった嘉納治五郎先生は「自他共栄」にて述べられています。この「武士道」は学校教育に残り、学業を遊び感覚で行うことを良しとしない考えは、現在でも多少引き継がれており、生徒がスポーツの試合などで喜びを表現するのに好感を覚えない指導者や先生は、この武道「残心（注2）」の精神が正しいと学んだ指導者たちです。さすがに現在は少数派と思いますが、日本人が喜怒哀楽を表現するのを嫌うのは、武士道から伝統を継承されているという歴史的背景があると認識する必要があると思います。

（注1）嘉納治五郎（かのうじごろう）、講道館柔道の創始者であり、柔道・スポーツ・教育分野の発展や日本のオリンピッ

ク初参加に尽力するなど、明治から昭和にかけて日本におけるスポーツの道を開いた。「柔道の父」や「日本の体育の父」とも呼ばれる。

（注2）残心、武道および芸道において用いられる言葉。心が途切れないという意味。武道においては相手への礼節や慈悲といった意味を含む。

五　中国と日本の武術武道の違い

中国武術は、鍛錬（練功）と禅（瞑想）と道教（長寿、健康）の教えありきで出発しており、それぞれが独立しておらず、全てを合わせ持っています。それは生涯を通じて学ぶことが可能で、武術鍛錬（注1）で身体の内外を強くし、禅（瞑想）で精神と肉体を鍛え、病を遠のかせる道教（長寿、健康）で長寿を目指す、それらを全部一括りで武術といえます。

日本では沢庵和尚の「剣禅一如」以前は、武術の技は暴力に使われていました。なぜ断言できるかといいますと、それは剣禅一如、つまり剣と禅は一如（同一）であると沢庵が宣言したということは、その前は分かれていたということになるからです。このときに初めて日本の武術に禅（仏教）が取り入れられました。

武士は肉体を鍛えると同様に精神を鍛える必要がありました。禅は仏教の一部ですが、精神をコントロールする方法に特化しているので侍は禅を精神修養にも用いました。真剣勝負では身体が丈夫でも、惑いや驚き「七念（注2）」を起こした者は最早敗れたも同然と武士は理解しており、彼らは身体を鍛錬し、禅の修練によって精神コントロール「無の境地」を得て、相手を圧倒しました。

九十年代頃からチクセントミハイ教授のフロー理論（注3）が展開されていますが、日本では「無念無相（注4）」という形で四百年前に記述されています。フロー理論での無我境地への入り方は日本禅宗の己の雑念などを捨てる作業でなく、「幸福」「創造性」「楽しみ」「一体感」などから深い集中に入っていくのが特徴です。ここでも無我境地への入り方（内に求める「日本」、外に求める「西洋」）が東西の文化的違いを示しており、非常に興味深いです。沢庵和尚の「剣禅一如」以降、日本武術（特に剣術、弓術）は禅と融合し、精神コントロール方法（禅）を加えたことで究極の境地に達したといえるでしょう。その後の剣術は、「殺人技術」であっても「道」を極めることで悟りをひらくことが可能であると信じ、剣術の「道」は素晴らしい人格者（注5）へと導いてくれるものだと人々は理解しました。また禅宗は慈悲を強調しており、道を極めた者は高潔な人物とみなされました（注6）。

（注1）武術鍛錬とは、「筋肉」、「筋」、「骨」、「内臓」の四つを鍛えることによって健康を維持するもので、以下の五種類の用法がある。

●気功、主に呼吸で身体の循環を促進し内臓などを鍛える。
●柔功、身体の腱や筋を伸ばし各関節の可動域を広げたりする。
●剛功、身体の外側の筋力や動きの俊敏性などを鍛える。主に筋力トレーニング。
●硬功、排打功ともいい、身体の表面や骨を鍛える。竹などで全身を叩く、寒風摩擦など。
●道功、長寿を促す。気功や推拿（すいな）を合わせて施すことが多い。

（注2）七念とは、驚（おどろき）・懼（おそれ）・疑（うたがい）・惑（まどい）・緩（ゆるみ）・怒（いかり）・焦（あせり）の七つの念。

（注3）フローとは、フローの継続中は生活の中での不快なことのすべてを忘れることができるということである。フローのこの特徴は、楽しい活動は行っていることへの完全な注意の集中を必要とする――したがって現在行っていることに無関係な情報が意識の中に入る余地を残さない――という事実の重要な副産物である。（『フロー体験喜びの現象学』M．チクセントミハイ著、今村浩明訳、世界思想社、一九九六年、七十三頁、百三十四頁ほか）

（注4）無念無相（無念無想）とは、「身を打様になして、心と太刀は残し、敵の気の間を、空よりつよくうつ、是無念無相也」（『五輪書』宮本武蔵著）。

（注5）宮本武蔵は私闘で多くの人を殺したが、剣という「殺人技術」の「道」を極めることによって、殺人者でも悟りをひらけば立派な人間になると日本人は認識している。

（注6）総じて禅宗は人間の慈悲を強調する。（『慈悲』中村元著、百九十八頁）

六　適材適所と幻想（南拳北腿と内家拳）

中国には南船北馬という言葉があります。中国の南方は川や湖が多いので船を用い、北方には平原や山野が多いので馬に乗るといいます。転じて、絶えず忙しく旅行をしていることを指し、日本の東奔西走と同じ意味です。中国武術には南拳北腿という言葉があり、南派は拳、すなわち手や腕を多く用いる短打、北派は腿（足）、すなわち蹴りを多用する長撃に長じるといわれています。南部は川を船で移動することが多く狭い場所・揺れる場所でも練習できる武術が発達し、北部は平原が多く移動に馬を用いるので、馬上の相手を倒すために跳躍や蹴りの武術が発達したという説がありますが、これらは正確ではありません。南方の人は背が低い人が多く（注1、2、3）、北部に住んでいる人は背が高いので、身体の特徴に合わせて南拳北腿になったと推測されます。ただ滄州（中国北部）の八極拳など北部にも短打系の拳が多々あり、それは宗師が南から来たからなどの伝説もあります。特に北派は京劇の影響があるなどといわれていますが、真相はわかりません。ただ、適材適所で武術のシステムが確立されていったのだろうと推測します。ちなみに沖縄空手は接近短打が特徴です。

内家拳といえば「形意拳・八卦掌・太極拳」といわれますが、これの元は『拳意述真』（一九二三年）の著者、孫禄堂（注4）が内家三拳（形意拳・八卦掌・太極拳）融合論で内家三拳の合一論を提唱したからです。後世、この三つの拳が内家拳と多くの人は理解していますが、太極拳にも他二つの拳にも外功があります。正確には、どの門派にも内外功の練功があります。ですので、この三つの拳を内家拳と定義するのはおかしいのですが、逆に百年以上前に書かれたことを、いまだに多くの人々が信じていることで、孫禄堂という人物の偉大さを確認することができます。

（注1）平均身長の低い国一位インドネシア、二位ボリビア、三位フィリピン、四位ベトナム、五位カンボジア（二〇一六年の統計データ）。©TheDailyTelegraphTelegraph

（注2）平均身長が最も低い都道府県は男女共に沖縄県（平成二十三年度の学校保健統計調査）。

（注3）ドイツの生物学者クリスティアン・ベルクマンが発表したベルクマンの法則というものがある。
（注4）孫禄堂（そんろくどう）（一八六一―一九三二年）は、清代末の武術家。形意拳、八卦掌の達人、孫式太極拳の創始者。
諱は福全。字は禄堂。道号は涵斎。

七　自然門武術概要

自然門武術について簡単に説明いたします。創始者は清朝時代の徐矮師（ジョ・ワシ）という貴州省の人で、非常に身体の小さい人だったと伝わっています。四川省峨眉山にて修行し軟硬気功などを修得、内外家、南北派の武術に精通し、成人後は世間を渡り歩き高名な武術家などから教えを受け、その後峨眉山に隠遁し研鑽を重ね創始しました。自然門武術の源流はいわゆる峨眉系にあたり、道家修練、歩行、呼吸法に特徴があり、基礎鍛錬方法では特にアイロンリング（注1）と矮人歩（注2）が有名です。いくつかある自然門武術格言から二つを紹介します。

「呑身如鶴缩　吐手若蛇奔　活泼似猿猴　两足如磨心　若问真消息　气穴寻原因」
身は鶴のように縮め、手を吐き出し蛇のように駆け回り、活発な猿に似て、両足は中心を心がけ、息を静かに保ち、気の巡りを探す。

「身似弯弓手似箭　眼似流星腿似钻」
身は弓を絞るように、手は矢のように放つ、目は流星のように、足は沈める。

（注1）アイロンリングとは、鉛の腕輪で一つおよそ一キロあり、それを何枚も腕に通して拳を繰り出す練習をする。
（注2）矮人歩とは、自然門武術独特の歩行訓練方法。

八　武術とは

私はニューヨークで多種多様な人物から武術を学びました。白人、黒人、中国人、多くの武術家から技法を学びましたが、誰一人「武術とは、何か」という本質を正確に答えてくれる人はいませんでした。質問すると多くの指導者は答えに窮したり、わからないと答えたり、果てには「宇宙と一体になる」という抽象的な答えが飛び出る始末で、当時の私には全く理解できませんでした。その後、二〇〇四、五年と連続で全米武術選手権に優勝しましたが、まだ本当の武術に達していないという思いがあり、中国武術界の至宝といわれる人の所へ学びに行く機会を得ました。

中国福建省に渡った私はある人物の前で練功を一時間以上、アイロンリング（重い鉛の腕輪）を十枚ほど通して低い姿勢から拳を打ち出し続けていました。辺りには汗が滴り、狭い武術館に鉛の鈍い音が響いていました。その人物は椅子に座り新聞を見る傍ら、動作をまず見るのではなく「聞いて」、鉛の当たる音でその練功の良し悪しをはかっていました。タイミングがズレたり疲れてきたりすると、机に新聞を置いて、打ち方を繰り返し丁寧に説明してくれました。

この眼光が鋭い不思議な感じのする人物の元で学ぶには、一つ条件がありました。「苦いものを食べられるか（どんな練習でも辛抱するか）」、これが条件でした。私は覚悟を決めて武術兄弟からの推薦状を携え、門を叩くことにしました。そして自然門武術の正統後継者で中国屈指の武術家、呂耀鉄師父に師事し武術を学ぶことができました。そんなある日、厳しい練習を終えたあとに「武術とは」との問いにこのように答えられました。

武術の技術とは「正しく判断をすること」。
武術の本質とは「より良い人生を送ること」。

武術の実戦練習では刹那で決断します。誤って怪我をしないように慎重に、かつ迅速に判断しなければなりません。同様に日々の生活でも、朝起きて着る服を選んだり、食事を決めたりなど、生活における無数の選択肢の中から人は常に最善を選ぼうとします。武術の修練と生活での判断は同じことなのです。その判断が狂うのは食事、睡眠、武術（運動）、この三つのバランスが崩れるときです。また武術を正しく、長く続ければ判断する技術が向上します。常に正しい判断をすれば、人は間違った人生を歩みません。このことが武術の技術であると述べられました。

武術を人生の一部とすれば、規則正しい生活習慣を得て、食事・睡眠・武術（運動）をバランス良く保つことができます。そして重要なのは、武術を長く続けることによって、身体や意志を徐々に強くし、自我（エゴ）が徐々に小さくなり、嫌われていた人間は好かれるようになるということです。多くの偉大な武術家には包容力がありました。そして、彼らが自我の解放を目指し、宇宙と一体になると説いたのは、武術を極めようと邁進する中で真理を得ようと欲すれば忍耐と辛抱が必要だということを理解して、さらに人は宇宙や大自然の摂理に抗えないことを悟ったからです。そこには人間の善悪などを超越した自然界の冷厳な「理」があり、それを人間がコントロールできるはずもないことを武術修練の過程で知り得ます。人間はただ真理に向かって一歩ずつ進むだけなのだと心得ます。呂耀鉄師父曰く、武術鍛錬とは日々紙を一枚一枚重ねていくようなことなのです。

第2章 武術の健康概念

一 健康で長生きするため

多くの人は武術を「殴る」「蹴る」などの相手を倒す技術と思っておられると思います。先ほど述べたように、本来は「正しく判断をする」ことによって「より良い人生を送ること」これが武術の真理です。なぜ身体を鍛えるのか、精神を整えるのか、それは長寿で健康を保ち素晴らしい人生を全うするためです。「その長い生涯で人は何をして、どう生きるか」という命題は一人一人違うでしょうが、武術がこれらの問いの助力になるでしょう。そして、それらの命題を深く追求するにあたり、武術が主要な役割を担うことができます。

中国武術門派では、良き師父（指導者）の元で武術兄弟たちと修練し汗を流し、切磋琢磨して、時には怪我を負ったりしながらも、幼い武術兄弟をいたわり、自己を鍛えます。近代以前は、武術が社会における学校の役割を果たしていたことがうかがえます。良い師父の元で人間育成の本質を学び、尊敬、慈悲、自立心など、多くのことを学ぶことができます。そのようにして武術を学ぶ者たちは、社会での使命を掲げ、純然たる欲求の中で、どのようにすれば心身が健康で目標を達成できるか、その手助けとなるのが武術であると理解していました。それらの方法は多岐にわたると考えられ、主なもので心身の鍛錬方法、自然治癒の向上、医術、日常のあり方、生き方などに組み込まれていきました。

それでは最初に、武術がどのようにして健康にアプローチしているか、また心身をどのように理解しているか、その概念から見ていきます。

二　循環

怪我や病気、腰痛や気鬱、手足の痺れなど、なぜ痛みや鬱病が起きるのでしょうか。人は健康な身体から急に病気になることは通常ありません。最初に調子が良くない状態が続き、それから肉体的、精神的な病気に陥ります。また、事故や怪我なども心身の状態が良ければ回避できたと理解するときもあり、それ以外の例えば自然災害などは天命や大自然の摂理であり、人間には回避できないと認識しています。

武術では循環が停滞することによって痛みが生じると理解します。また、人体は正しい呼吸によって自律神経や身体全てをコントロールして安定させていると考えます。全身の血流や気を円滑に絶え間なく循環（図1）させるのは、規則正しい呼吸の賜物です。血液や気が流れるプールのように体内をグルグル流れます（武術的には小周天ともいう）。身体には主要関節が八箇所あり、首、肩、肘、手首、腰、股関節、膝、足首がそれにあたります。これらの関節を水門とイメージして、その水門を開いて水（血液や気）の流れを満遍なく循環させます。およそどのスポーツでも、これら主要八関節の可動域に柔軟性を持たせることによって、パフォーマンスを向上させます。これら主要関節が閉じていると循環は停滞して、肩こりや腰痛、ひいては精神病の源になります。それが悪化すると病気や過度なストレスが発生すると考えます。正しい呼吸と主要関節の柔軟運動は身体の循環を保ち病気を遠ざけるという大切な考えです。朝の日が昇るときに気功や太極拳をするのは、血流や気の流れを促し、その日を快適に過ごすためでもあります。武術練功による正しい呼吸は、より円滑に血流や気が流れるので健康が増進されます。同様に内臓の血流や気がしっかり循環するように心がけて練功すれば、内臓疾患などの病気を避けることができるでしょう。つまり、正しい呼吸と武術練功が、全身の血流や気の巡りを整えて、自

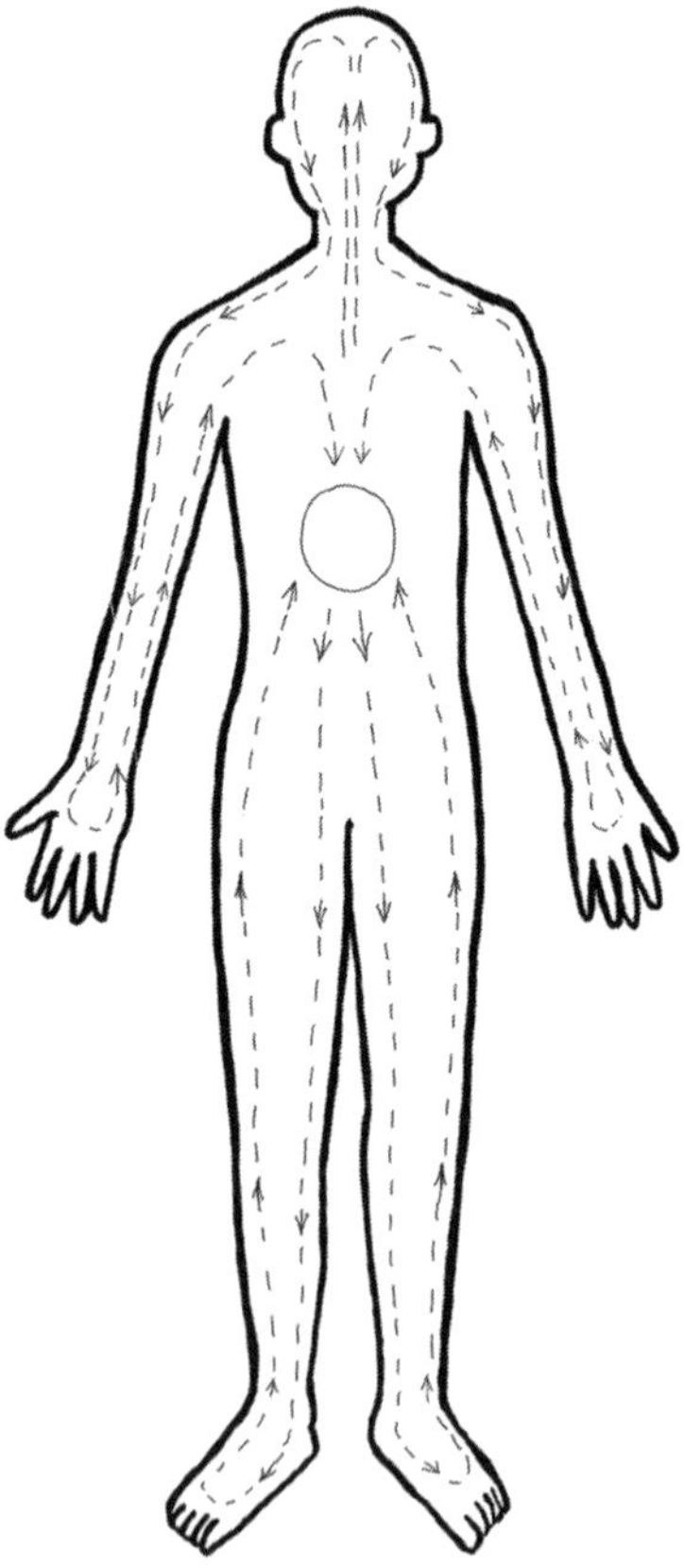

図1　循環。

然治癒能力を向上させます。その結果、病気を未然に防ぎ、健康で快適な生活を営むことができるのです。

三　姿勢は呼吸のために

規則正しい呼吸が体内の血流と気の循環を支えていることを見てきました。中国武術の真髄はこの呼吸法にあります。最初、呼吸（注1）は鼻から吐くように心がけ、最も呼吸が行いやすい姿勢（図2）に身体を整えます。たとえ戦闘状態でも柔軟運動でも坐禅でも身体の状態は同じに保ちます。武術の骨子は呼吸でありますが、それを実施するには正しい姿勢が不可欠です。ここに武術格言がありますので、それを一緒に見ていきましょう。

沈肩墜肘（ちんけんついちゅう）、肩を沈めて肘を落とす。
立身中正（りっしんちゅうせい）、上体をまっすぐ立てる。
含胸抜背（がんきょうばっぱい）、胸を緩ませて背を張る。
虚領頂勁（きょれいちょうけい）、うなじの力を抜いて頭頂部を上げる。

これら四つは身体の表面から見える姿勢の武術格言です。

剛柔相済（ごうじゅうそうさい）、剛と柔が、お互いに偏らず、機能し合う。
氣沉丹田（きちんたんでん）、丹田（注2）に気を集めて、気がその中心で膨らんでいく。

この二つの格言は身体の内面の心得です。

武術においては、技術的に身体の表面と内面とを一致させることがとても肝要です。この状態を保たなければ正しい呼吸をして気を蓄積することはできません。姿勢が呼吸を円滑に運動させて、血流や気の流れをスムーズに循環させます。そして、この姿勢を保つことによって肺が安定した状態になります。

呼吸法にもいろいろな方法がありますが、最初は自然呼吸を採用して、口を使わず、鼻で吐くことを意識します。注意点は「含胸抜背」で背を張るとき、背筋を伸ばしきらないようにしてください。骨盤に背骨を乗せる感覚で膝を軽く折り（両膝微屈）、呼吸するときは常に丹田（内臓）を意識するようにします。

図2　横からの姿勢。

（注1）呼吸には、胸式呼吸、腹式呼吸、逆腹式呼吸、横隔膜呼吸などがあり、そこから武息法（注3）、文息法（注4）、爆発呼吸（注5）などに分類される。
（注2）丹田とは、おへその三寸下（約八センチ）、三寸内側に位置する。丹田（力、欲）は生きる根元で実行を司る。
（注3）武息法とは、頭の中で数を数えながら行う規則正しい呼吸、また武火は強火という意味。
（注4）文息法とは、意識から離れて呼吸を忘れるぐらい静かな呼吸、また文火は弱火という意味。
（注5）爆発呼吸とは、呼吸法の一種で、例えば固いネジをドライバーで回すときのように、鼻からフン、フンと力を込めて吐き出す呼吸。

四　主要八関節の練功と道功

前の項で見てきたように、血流と気の流動は健康に大きく影響します。主要関節と内臓とが円滑に循環していれば健康に過ごせます。正しい呼吸ができていても、主要関節の一つでも循環が悪ければ、血流や気の流れが停滞して、その箇所が徐々に痛みを発して、全体に悪影響を及ぼすでしょう。夏は身体を流れるプールと想像し、主要関節部分は水門とイメージしてみてください。その門をいっぱいに開いて全身に水が循環するように考えてください。冬は機械に油を差す感じで、関節部分を油で潤わせるイメージをします。これらを映像化して柔功（ストレッチ）をするのが効果的です。それでは主要八箇所の練功と道功を説明していきます。

首…最初に、全てのストレッチは必ず鼻から息を吐くように意識をしておきましょう。首は前後左右にゆっくり動かし、頭が首から落ちるイメージで大きく回します。首の関節が鳴っても痛みがなければ続けてください。寝違えなどで調子が良くないときは手を組むか、身体の一部を手で押さえて行います（図3）。手が身体に触れていれば運動が正中線（人体の中心）から近くなりバランスを取りやすくなります。ストレッチの基本概念は重力に身を任せ、無理に力は入れないようにすることです。もし目が回ってしまえば道功（擦面　サツメン）を行い、「めまい」や「ふらつき」などを防いでください（図4）。主要関節の練功で関節部分が痛ければ必ず動作をスローダウンしますが、筋肉が痛い場合は続行してもらって結構です。

道功（擦面　サツメン）…武息法呼吸を行いながら、両手の中心を三十六回擦り合わせ、こめかみから頬にかけての箇所をシワが出ないように優しく二十四回ほどさすります。毎日行えば顔がつやつやしてくるという効用があります。

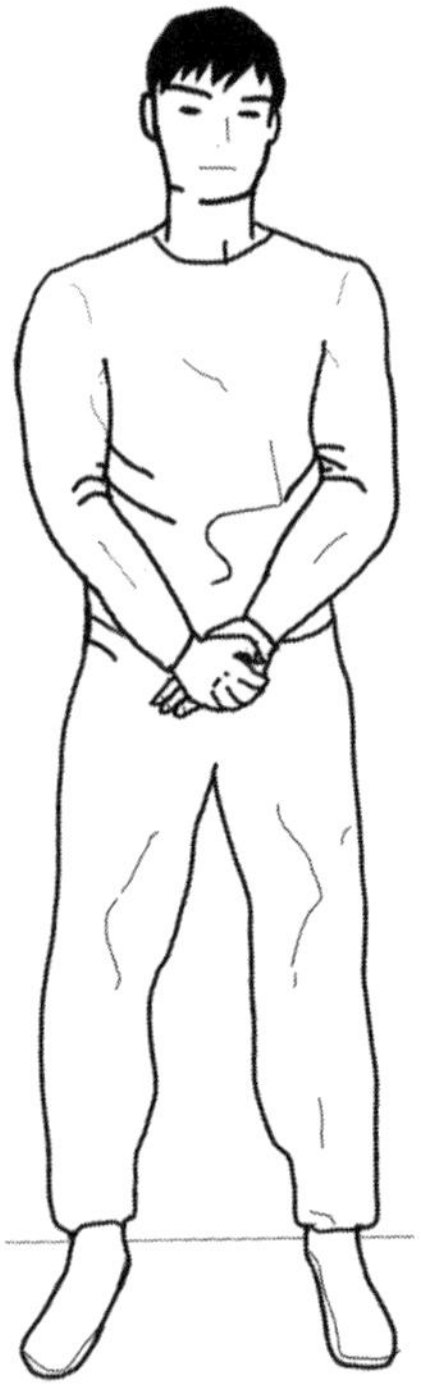

図3　手を持つ。

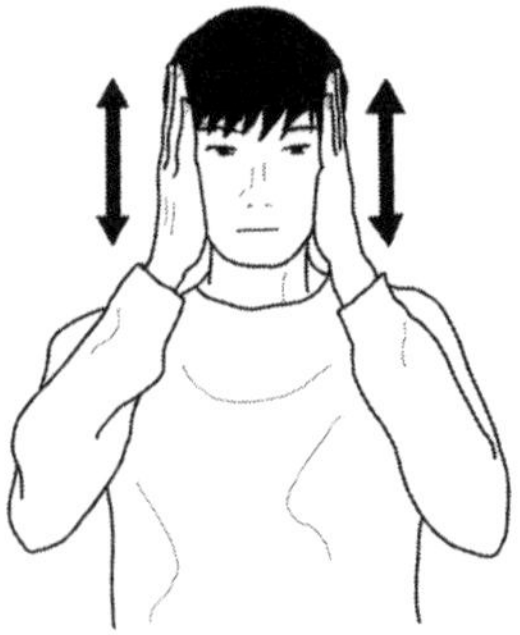

図4　顔を擦る。

肩…最初は小さく、それからだんだん大きく肩を動かします。最後は耳たぶに当たるぐらい肩を上げてください。肩を落とすときは力を抜いてストンと落とす感じです。そのあと両手を前方に旋回、後方に旋回、最後に両腕を前後逆方向に数回ずつ旋回させます（図5）。また、これ以降左右のストレッチは必ず同じ回数を行うようにします。

図5　両腕を前後に旋回。

道功（甩手　スワイショウ）（注1）**…**足を少し広げて腕を前後に数回振ってください（図6）。続いて、肩の力を抜いて左右に数回振ります（図7）。このときに手がしっかり身体に当たっているのを確かめてください。

肩こり解消などの様々な効果があります。

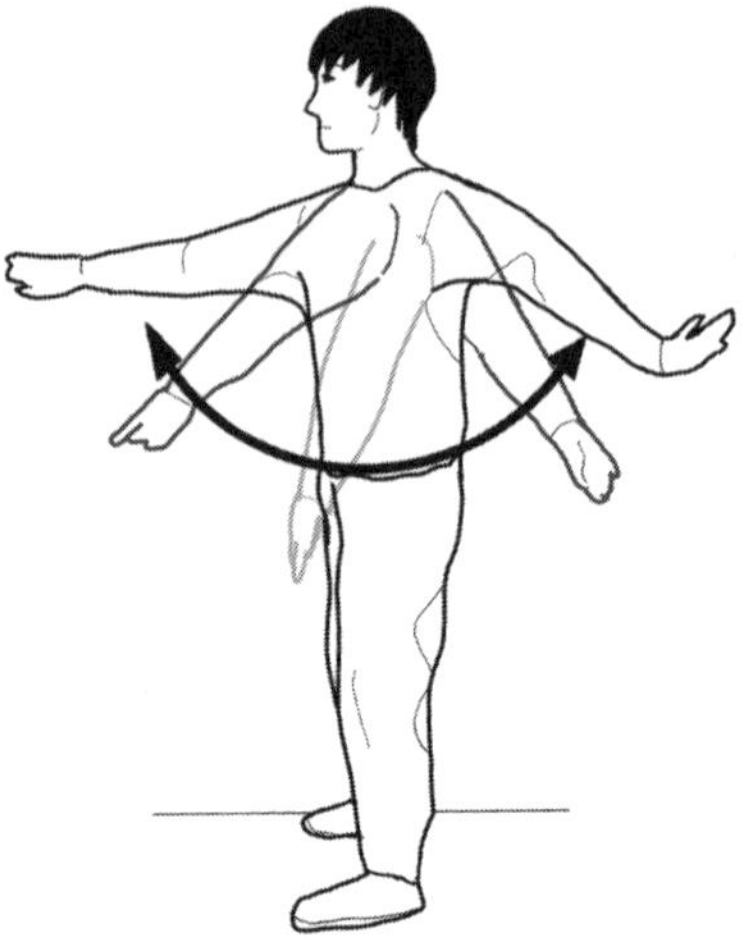

図6　腕を前後に振る。

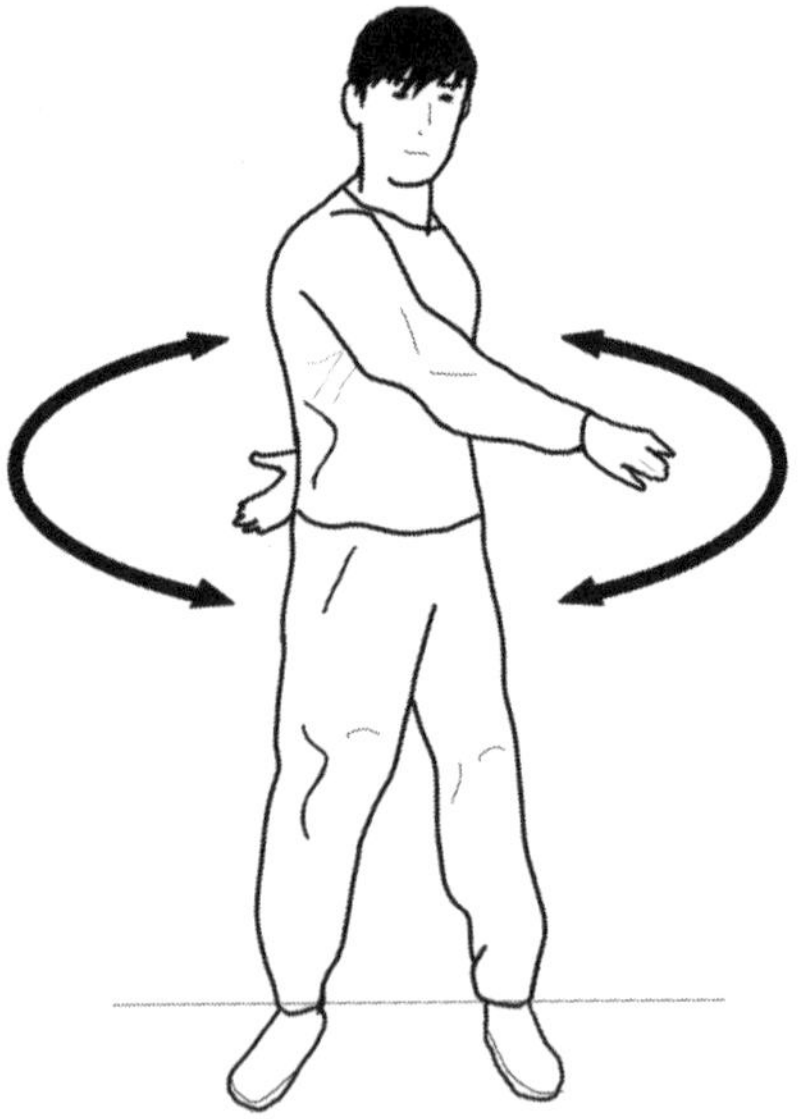

図7　両腕を左右に振る。

肘…肘をゆっくり揉みます（図8）。冬場など手先が冷たい場合は、掌を揉んでから行います（図9）。そのあと肘を内回し、外回し、と双方数回ずつ回します（図10）。最後に手に付いた水を払うような動作をして上体をリラックスさせてください（図11）。

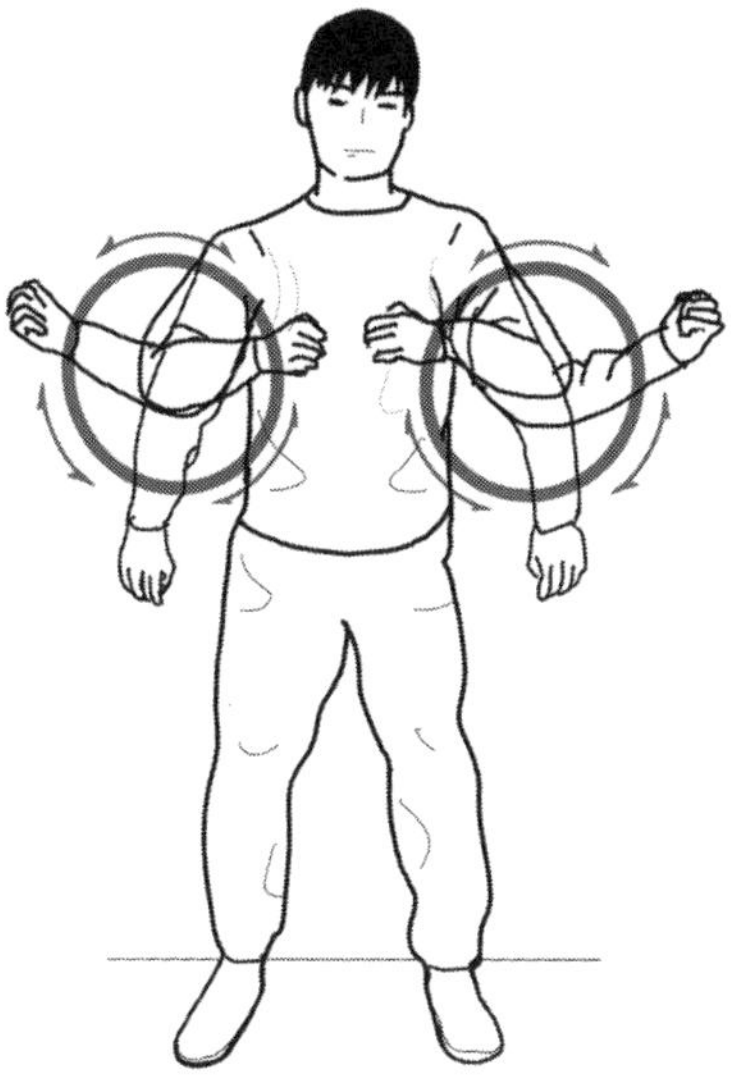

図10　肘を回す。

図8　肘を揉む。

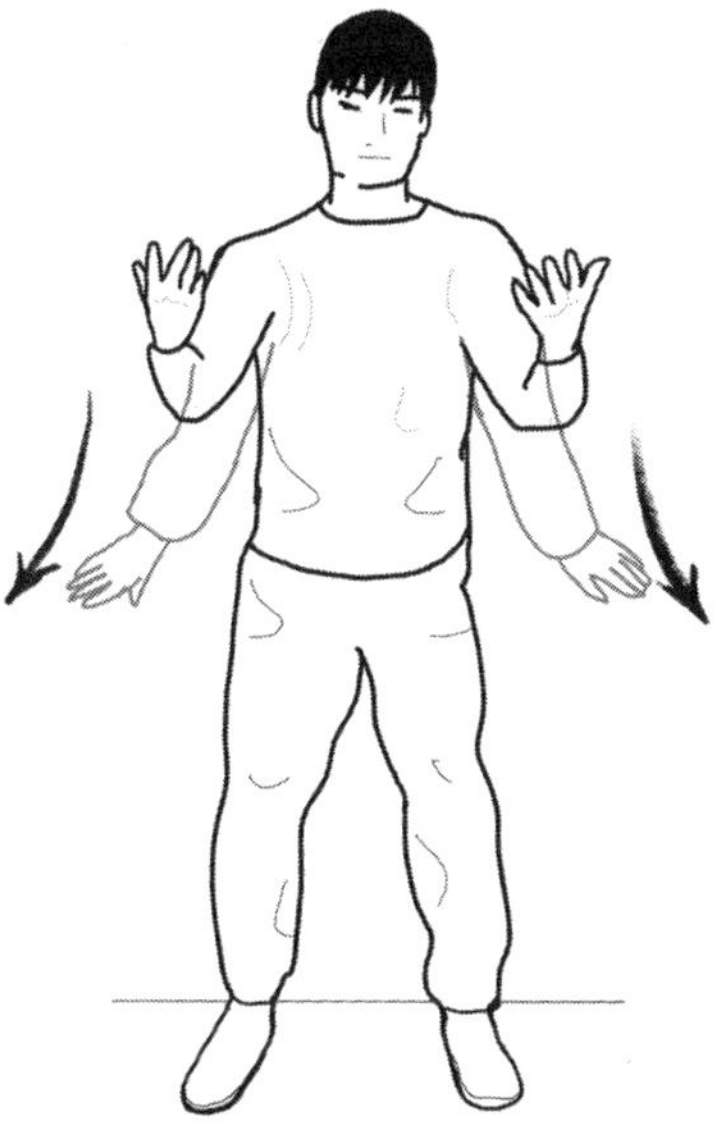

図11　手を払う。

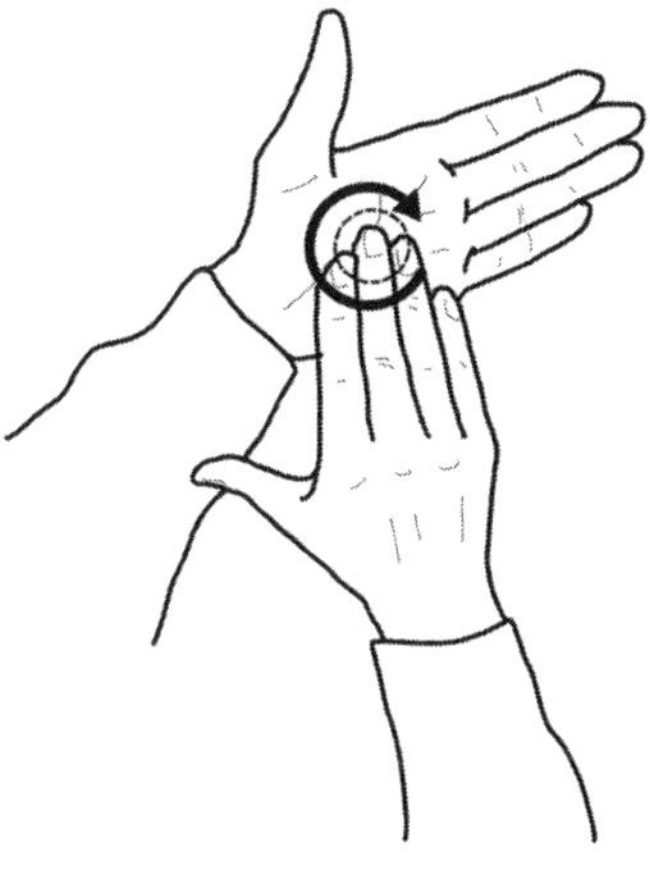

図9　掌を揉む。

手首…手を組んで手首をゆっくりほぐします。そのあと手の組みにくい方に組み直して同様にほぐします（図12）。双方数回ずつ行い、組みにくい方と組みやすい方があるのを認識してください。人は無意識にやり慣れた姿勢や方法で運動する習性があります。腕を組む、足を組むなど、その傾向をしっかり把握して、偏らないように常に左右バランスを整えることを意識するのが大事です（図13、14）。

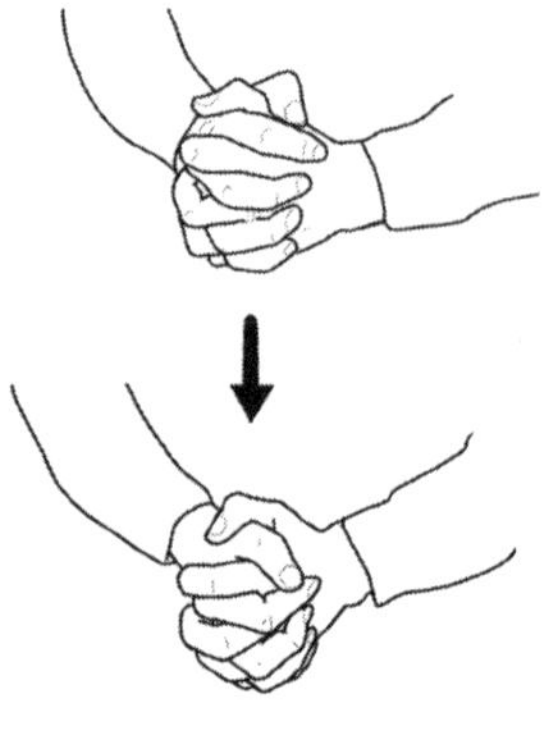

図12　手を組む。

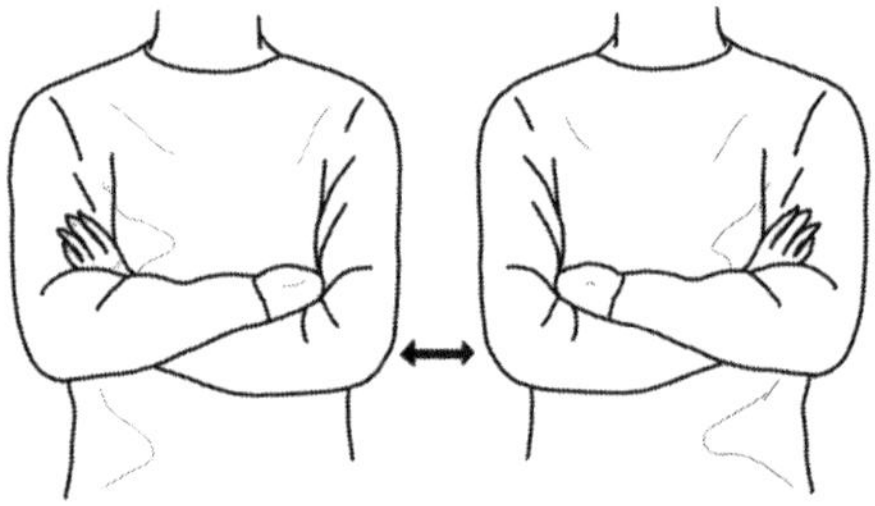

図13　腕を組む。

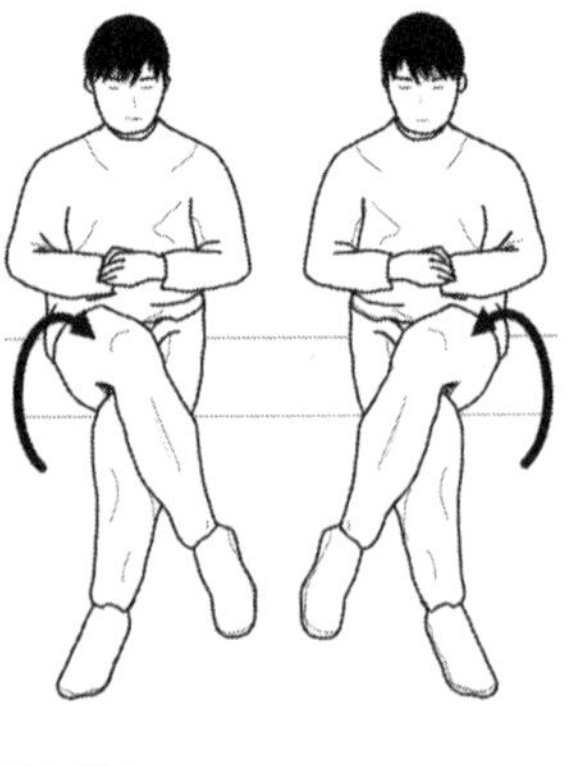

図14　足を組む。

ここまでが上半身の主要関節です。引き続き下半身に移ります。

腰…腰は上半身と下半身の連結部分になりますので時間をかけて行ってください。足を開いて腰に手を置き、徐々に大きく丸く腰を回します（図15）。次にゆっくり前屈をしてから指を床の真ん中、右足首、左足首と順に触れていきます（図16）。これを三往復ほど繰り返して、最後はゆっくり上に向かって万歳をします。

股関節…足を肩幅より広めにして立って相撲の四股立ち（腰割り）の体勢になって腰を落とします（図17）。手を膝の上に置いてお尻を沈めていきます。このときに肘を曲げないようにします。お尻を徐々に沈めて、一番下がった所で肩を入れ、しっかりと沈めた状態で背中をひねります。左右数回ずつ行ってください。少年野球の子供に教える場合は、この腰割りを多めに行うと良いでしょう。腰割りができないと、イレギュ

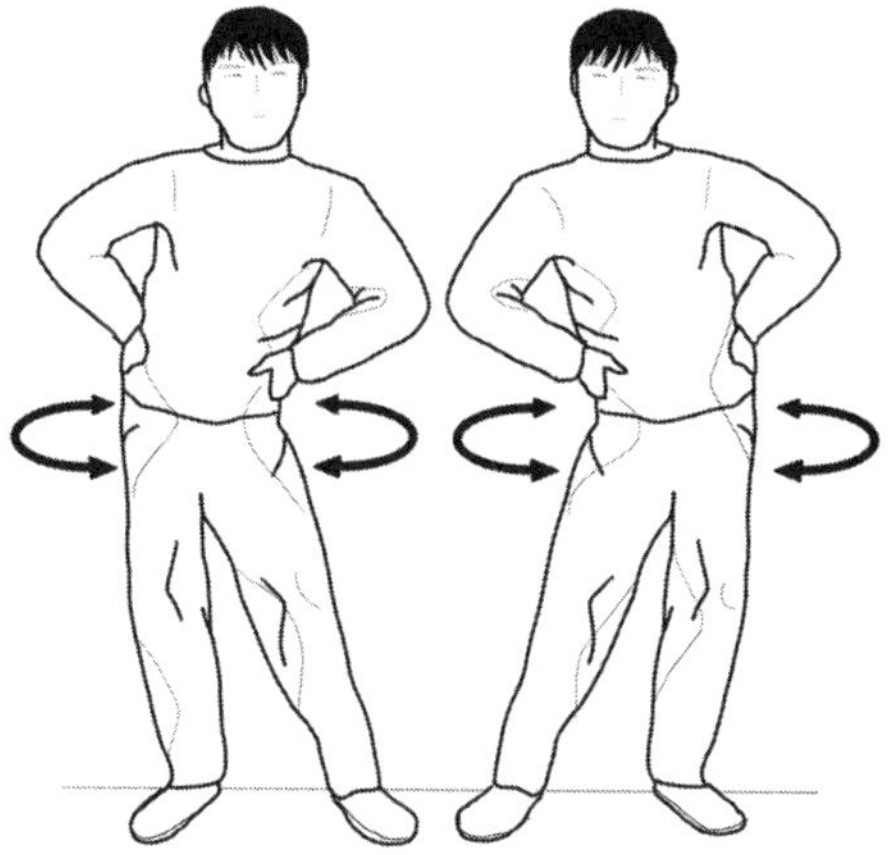

図15　腰を回す。

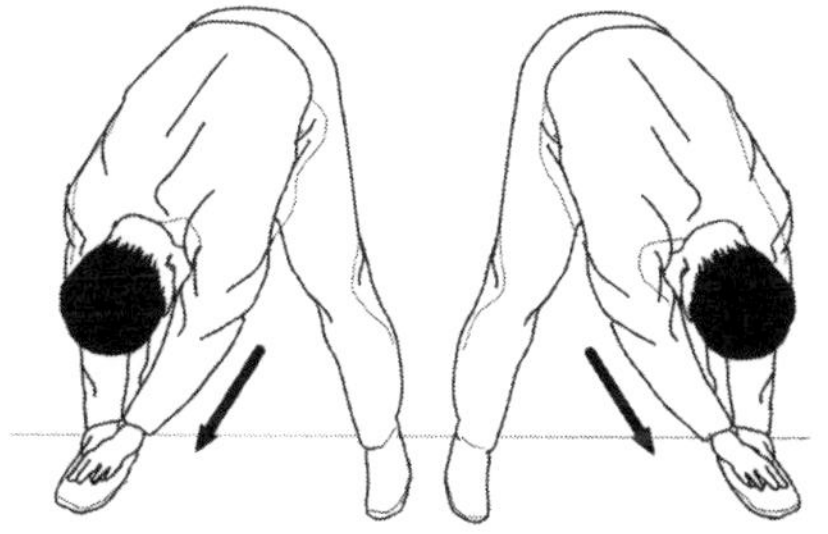

図16　足を持ってストレッチ。

ラーバウンドのときにボールが顔に当たってしまう、と具体的に説明をしてあげます。

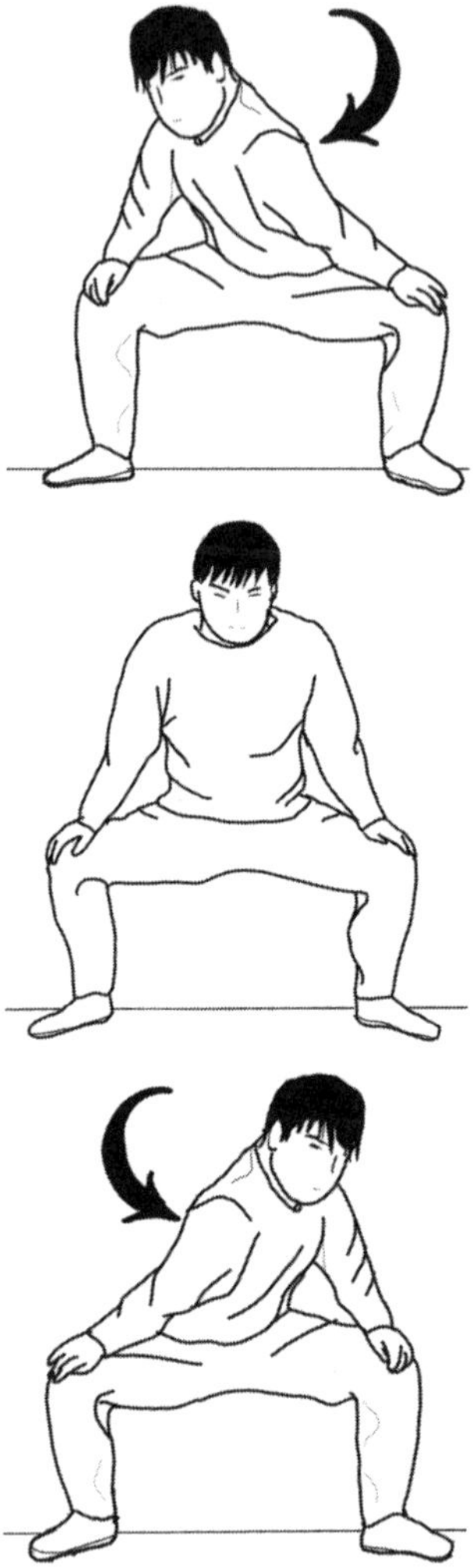

図17　四股立ち（腰割り）左右。

膝…肘のときと同様に、掌を温めてから行います。膝の外側から始め、内側を擦ってマッサージを行います。次に指先で膝頭を、円を描くように軽くマッサージしてから、膝を揃えて左右に数回まわします（図18）。最後に膝を開いて（図19）、少し負荷をかけながら身体を上下させます。

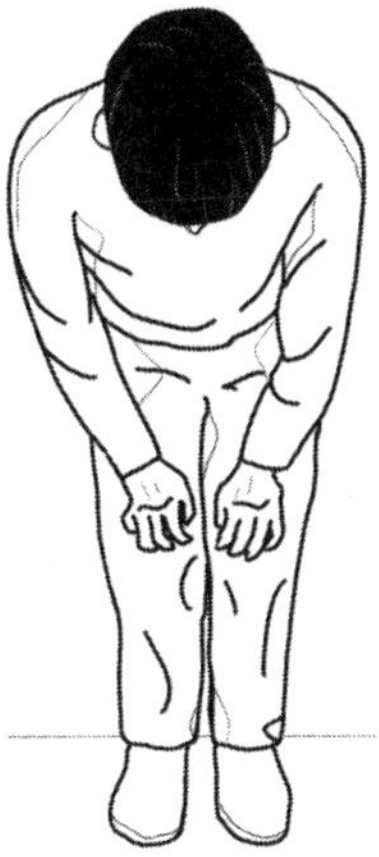

図18　軽くマッサージ。

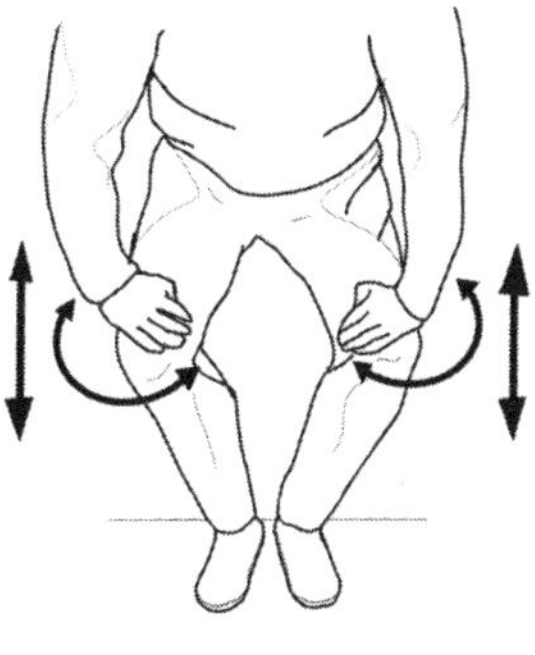

図19　膝を開く。

足首…片方の爪先を床につけてバランスを取り、足首を右左と回してください（図20）。次に、前足を半歩出して膝を少し曲げ、腰を徐々に沈めてアキレス腱を伸ばします（図21）。このとき、足の裏は床についたままです。最後に半歩足を出し、甲の外側の側面を床に当てて、体重を軽くかける動作を左右行います（図22）。

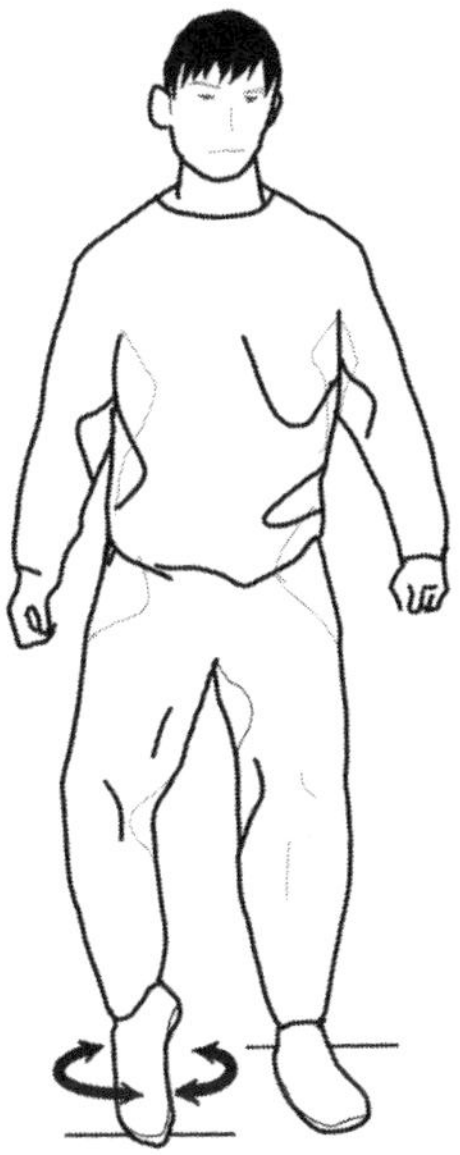

図20　片足バランス。

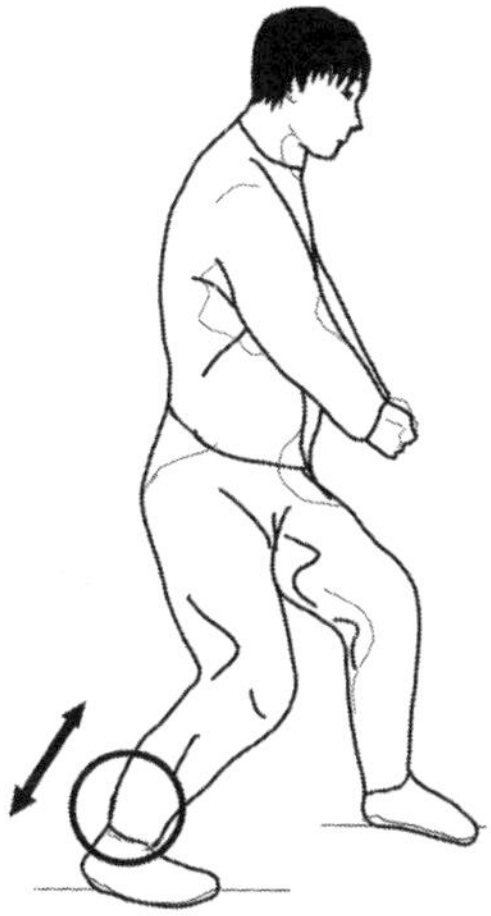

図21　アキレス腱を伸ばす。

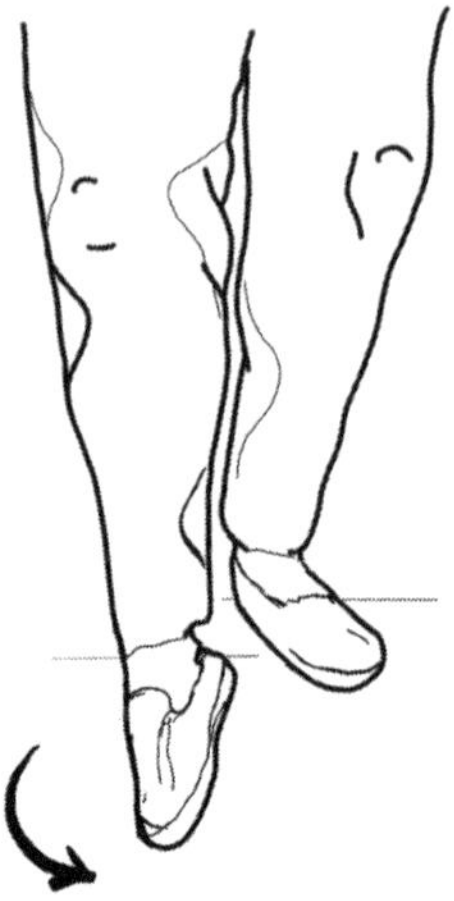

図22　片足側面。

坐式柔功…片方の足を伸ばして座り、足首を太腿の上に置き内回し、外回しを左右行います（図23）。次に足首を股関節に近づけ、膝を下に押してください（図24）。そして膝を抱えて背筋を伸ばし、ゆっくり鼻から息を吐いて緊張をほぐします（図25）。今度は股関節を開き、蝶のように膝をパタパタと数回上下させます（図26）。股関節がほぐれたら、蝶のような状態のままゆっくり上体を前に倒し腰を伸ばしてください。次に足を前に伸ばして座ったまま前屈をして、手で爪先を持ちます。このとき、力は入れずに頭が自然と落ちるようにして、視線を下げずに爪先に顔を向けます（図27）。続いて半跏趺坐《はんかふざ》（注2）（図28）で坐ります。足の甲の外側をしっかりと股の付け根まで近づけ足を組み、股関節がほぐれていれば、もう片方の足を太腿に乗せて結跏趺坐《けっかふざ》（注3）（図29）の形で坐り、呼吸を整えて鼻から息を数回吐くようにします。

　これで主要八関節の柔功が終わりました。血流や気が滞りなく体内を循環しているはずです。やりにくい姿勢があったり、困難な動作があったりするかもしれません。練功では得意な箇所や苦手な箇所を見極めて次の課題にすることも大事です。坐禅をする方で足の痺れに問題のある方は坐式柔功を行ってからすると良いでしょう。

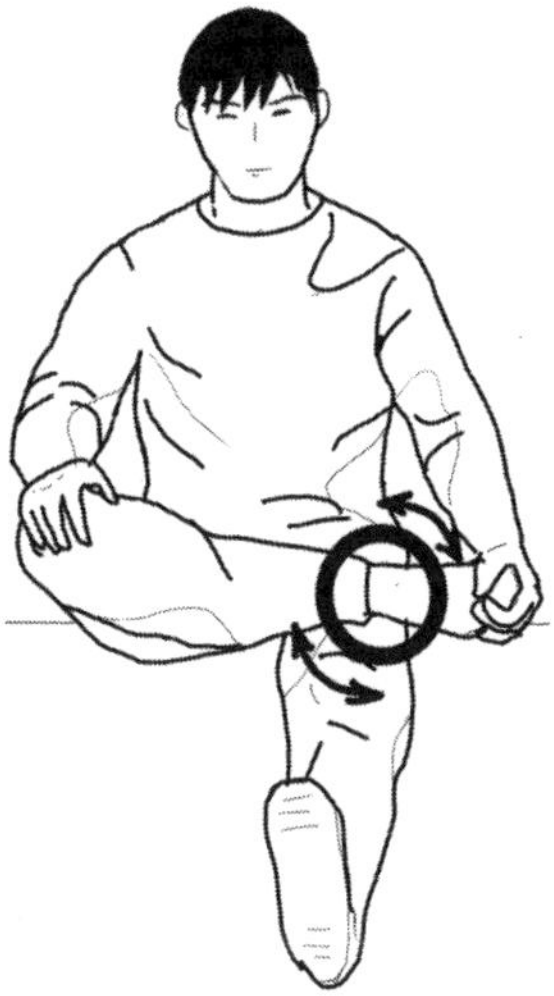

図23　足首を回す。

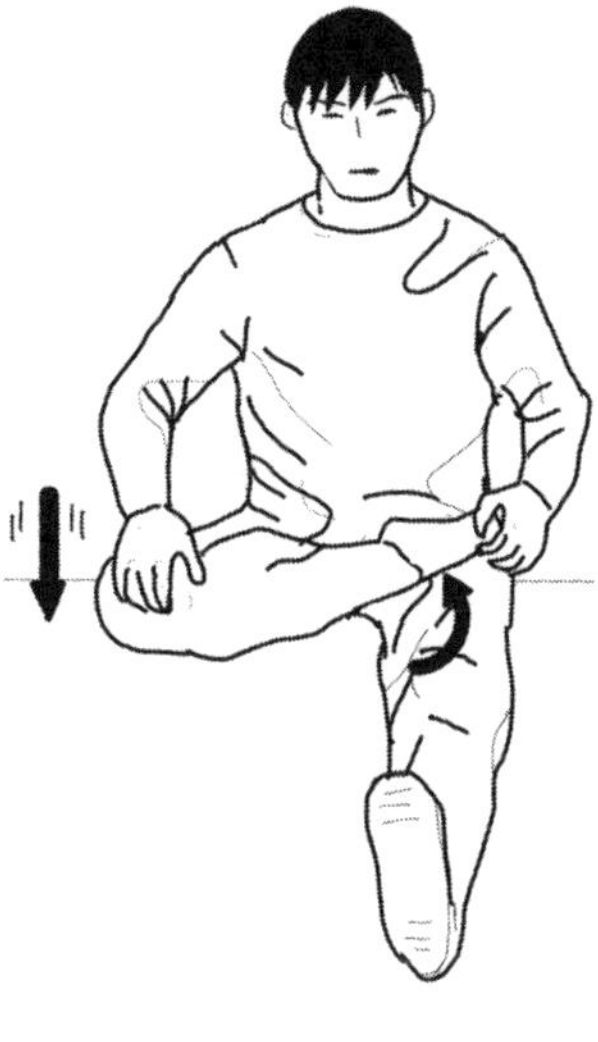

図24　膝を下げる。

図25　膝をかかえる。

図26　蝶々。

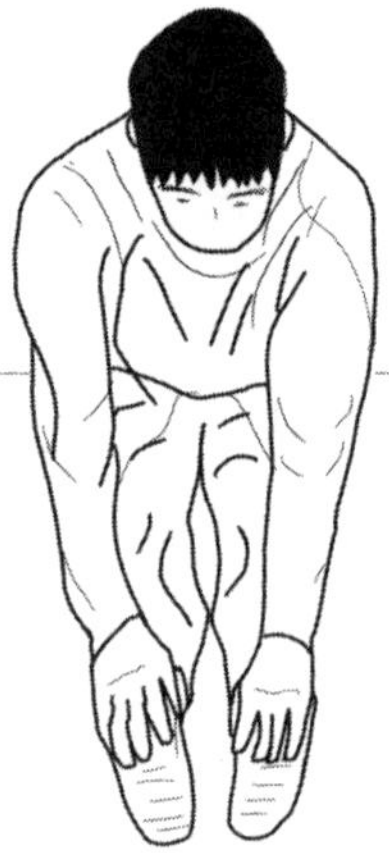

図27　前屈。

図28　半跏趺坐。

図29　結跏趺坐。

（注1）甩手（スワイショウ）とは、腕を前後左右に振る運動。
（注2）半跏趺坐とは、片足を組む坐り方でどちらの足が上でも構わない。
（注3）結跏趺坐とは、両足を組む坐り方で瞑想において一番安定して坐れる。どちらの足が上でも構わない。

五　内臓へのアプローチ

丹田マッサージ

最初に掌を温めてから、おへそのおよそ八センチ上の所を、円を描くように両手を合わせてさすり、徐々に下げて最後、おへその八センチ下の所を、優しく円を描くようにほぐします。このとき、呼吸と合わせるようにします（図30）。

先述の首から足首までの主要八関節の練功は、主に身体の外周の血流や気の流れを促進させます。一方、この丹田マッサージは内臓の循環を促す作用があります。つまり、主要八関節の練功のあとに丹田マッサージを施すことで内臓循環が向上し、全身が温まるのです。また、丹田マッサージの動作は人体の内周の流れを示しています。このマッサージは内臓循環を安定させ、自律神経を整え、生理痛、便秘、冷え性の改善をもたらし、ひいては内臓疾患などの予防に効果があるでしょう。血流や気の停滞が病気の根源だと理解するようにしてください。

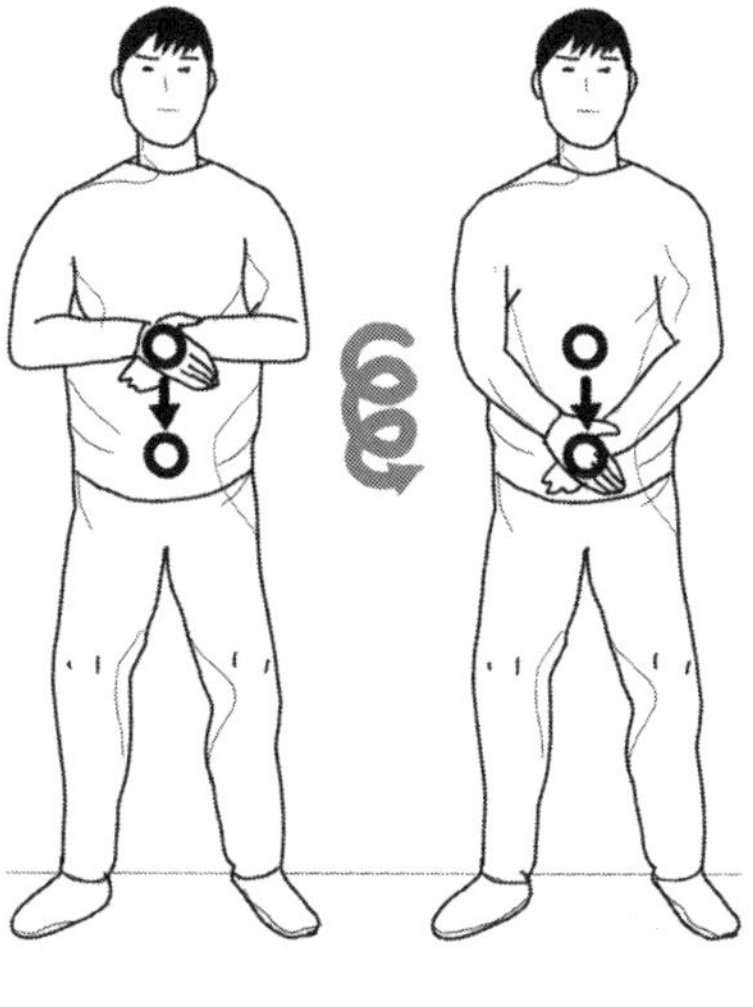

図30　丹田マッサージ。

このように、主要八関節の練功と丹田マッサージを常に意識すれば血流と気の循環が向上し、怪我や病気を遠ざけることができます。これは武術の基本的な考えです。そして、他の運動やレクリエーションの際にも、これらの練功をあらかじめ施しておけば怪我のリスクを下げることができ、より快活にスポーツやレジャーを楽しむことができます。

内臓ストレッチ（身法）

丹田マッサージでは手で丹田をマッサージしましたが、今度は手ではなく全身で丹田を揉みます。この内蔵ストレッチを自然門武術では身法と呼び、「核」となる動作とされています。他の門派によってはその核となる動作を秘伝としているところもあります。

1　最初は横運動です。まず、肩幅ほどに足を開いて左足（右足）を軽く一歩踏み出します。次に、膝を少し落として姿勢（「**姿勢は呼吸のために**」（P31）を参照してください）を保ちながら肩を水平に振ります。肩が自分の目の前に来るまでしっかり振るようにします。運動中は顔と腰の高さは変えず、足の裏を浮かさないようにします（図31）。

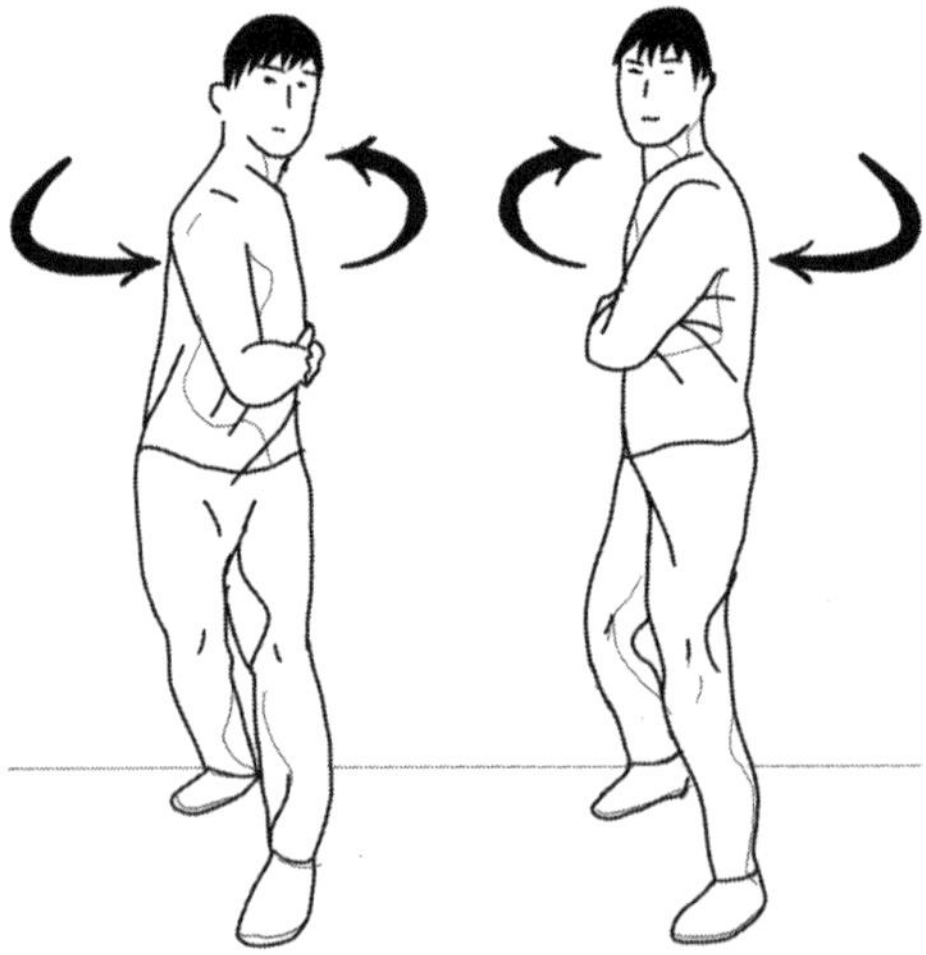

図31　身体の横運動。

2

今度はこの横の運動に縦の動作を加えます。耳に触れるほどまで片方の肩を上げ、もう一方の肩は下げるようにします。手で自転車のペダルを漕ぐイメージで肩を回し、肩甲骨を無限の記号（∞）を書くように回してください。1と同様に足の裏を浮かせず、地面に張り付いたままにします（図32）。

3

次に腰を意識します。肩甲骨の動きを腰骨に連動させるようにして無限の記号を描きます。このときも全身運動で足の裏が浮くのを押さえ込みましょう。しっかり足の裏を地面につけます（図33）。

4

ここまでの動作が正しく発動されますと、肩甲骨と腰骨が連動し、腹部が八の字にねじれます。上級者になってくると胃がコリコリと揉まれる感覚を覚えるでしょう。最後に、頭が紐で引っ張られるようなイメージを持って、身体は先ほど説明し

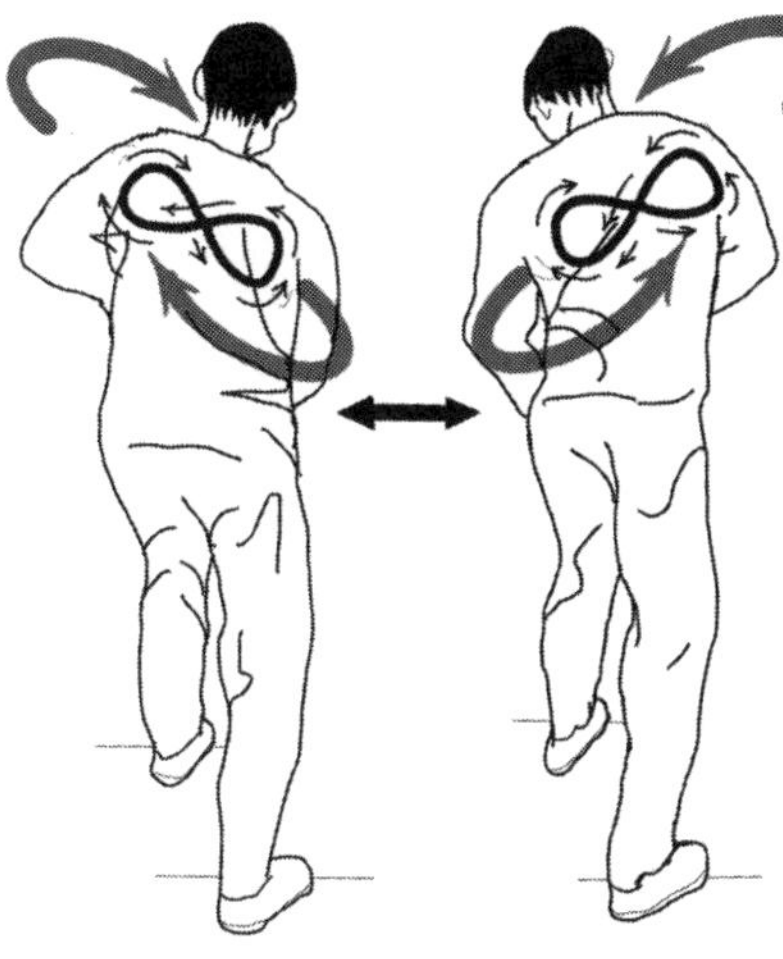

図33　背中に無限の文字。

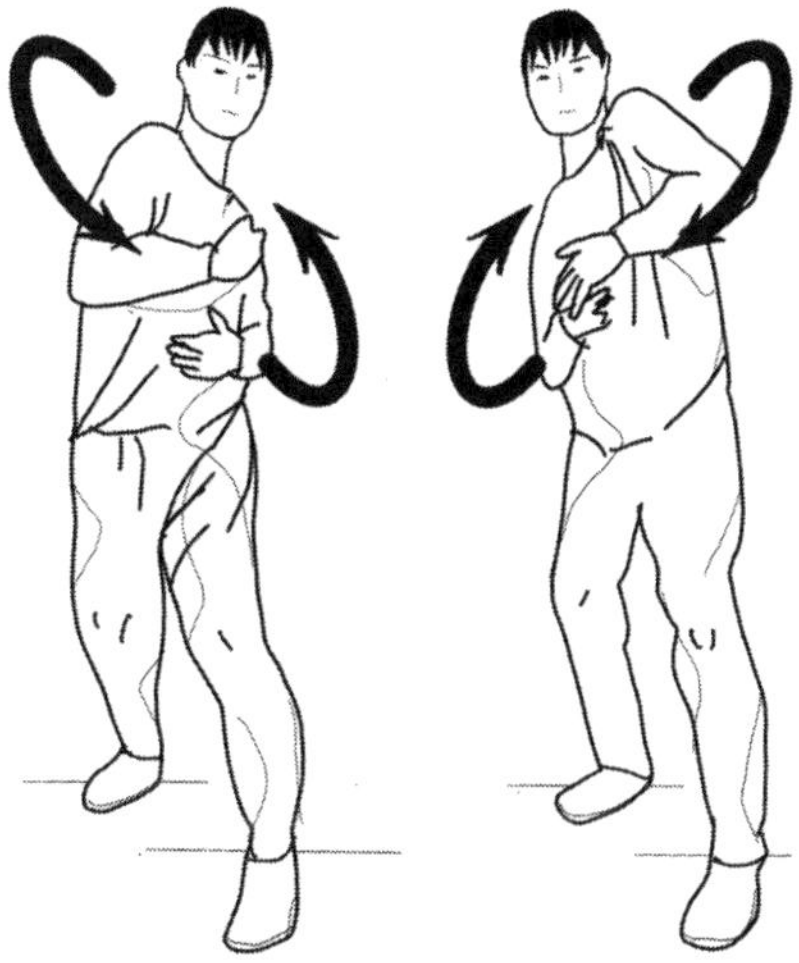

図32　身体の横と縦運動。

た状態をそのまま保ちます。足は木の根のように地面に吸い付けてください（図34）。

この身法は、コアマッスルと全身にねじりが加えられるので、手で丹田マッサージをするよりも強い力が内臓にかかります。よって、全身の内臓がくまなくほぐされ、活発になるという効果が得られます。この身法の特に優れている点は、その高い効果が内臓ストレッチだけにとどまらないところです。戦闘練習においても、この身法を合わせてパンチやキックを繰り出せば凄まじい威力を発揮します。さらに、呼吸という点に着眼しても、理に適っていることがわかります。この身法をすることによって、肺の伸縮が自然に行われるため、呼吸を意識する必要がなくなり、余計な力が除かれるので動作を円滑にすることができます。

内臓ストレッチは腰痛、坐骨神経痛、骨盤の歪みなどの改善に効果的です。このときに重心を下げて行えば足腰の鍛錬にもなります。座ってお仕事をされている方や運動不足の方には場所を取らずに短い時間で心身がリフレッシュできる良い運動になるでしょう。

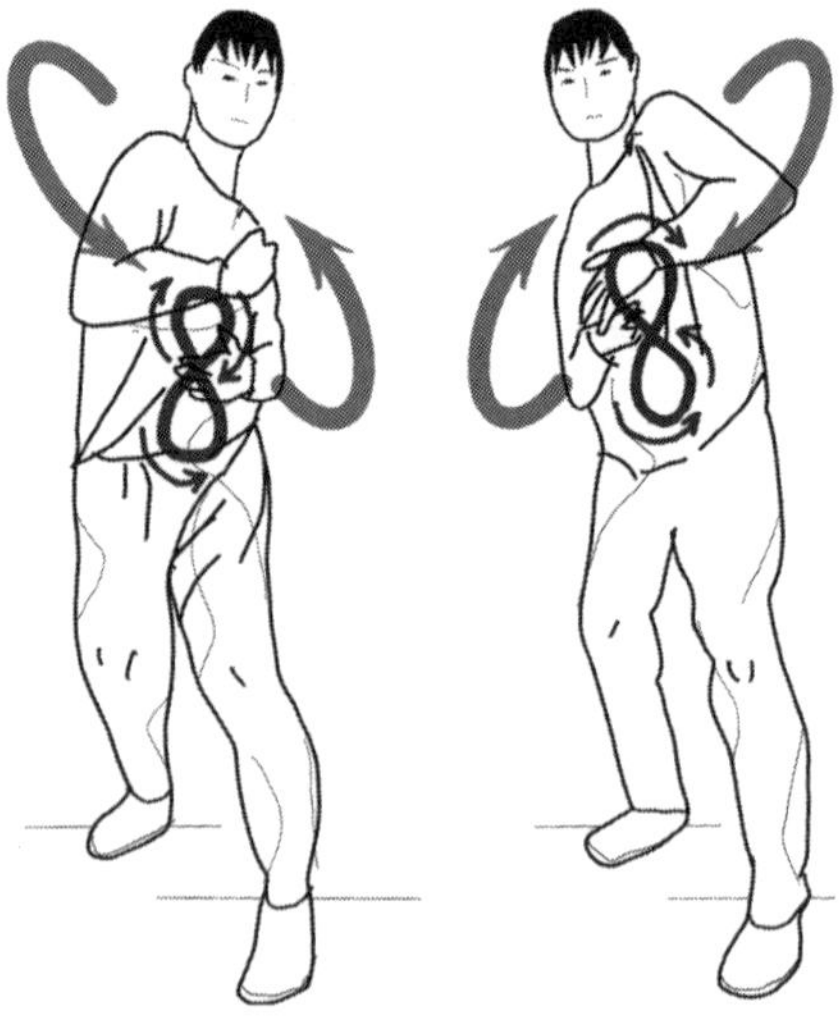

図34　腹部に八の字。

六　瞑想の世界

日本の瞑想といえば一般に坐禅となります。多くの禅寺には達摩（ダルマ）大師を掲げておられます。最初、日本に禅を紹介したのは通説では飛鳥時代の道昭僧（六二九〜七〇〇）といわれていますが、やはり、平安後期から鎌倉時代初期の栄西和尚とその孫弟子、道元和尚の功績が最も偉大でしょう。特に道元和尚の足跡をたどりますと、宋（中国）に渡った道元和尚は、天童如浄（てんどうにょじょう）という禅師と出会います。このドラマチックな出来事が、日本人の根本的道徳心や現在の学校教育の礎を築きました。道元和尚の偉業にはただただ感服するばかりです。

先ほど説明したように、お釈迦様より始まって二十八代目の達摩様まで仏教の正法が一度も途切れることなく伝承されました。その後、達摩様から六祖（六代目）慧能に師資相承され南宗禅が確立しました。この六祖慧能のときには、すでに嵩山少林寺から離れており、六祖慧能は農民出身だったのも相まって武術的要素が疎遠になったのではないかと推察します。日本の禅は南宗経由で、曹洞宗と臨済宗も南宗禅にあたります。曹洞宗では、「只管打坐、即身是仏」（ただひたすら坐禅する姿）でしか、仏の教えを正しく学ぶことができないという立場を取っています。

中国武術の瞑想は、身体を鍛えると同様に瞑想（禅）で精神を鍛えて長寿を目指しますので、日本の瞑想とは少し考えが違います。中国武術での瞑想は多岐にわたり、特に、歩禅、立禅、坐禅の三種類がよく知られています。武術の禅（瞑想）は身体を鍛えながら行います。運動しながら行えば血流や気が全身を循環し、呼吸と内臓が安定して瞑想状態にスムーズに導かれます。中国武術では「剛柔兼資、動静有常、内外相合（注1）」といって、二つで一つという陰陽思想で形成されており、日本のように鍛錬と瞑想を分けるという発想がないため、中国武術では鍛錬するときは精神を意識し、瞑想するときは身体を意識するようにいわれます。鎌倉時代に隆盛した日本の禅はどちらかといいますと精神修養に特化していったので、身体を鍛えながら行う動功的気功の瞑想はあまり発展しなかったように思えます。中国武術には瞑想中に意識や五感を解放するやり方が伝わっています。

現在では健康状態が良くない方（病人）が長期的に瞑想や気功の練功を行った結果、病気が快方に向かったという事例など、科学的根拠を持った報告や実証が盛んになされてきています。

（注1）剛と柔は同様であり、動きと静も混在する。動の中に静があり身体の内「心、精神」と「身体」を合致させる。また、静の中に動きがあり、静功中は気が旋回する。これら二つを合致させるのを「動静済」という。

七　歩禅

マラソンランナーにおけるランナーズハイ（注1）という状態が瞑想状態と同じであるといわれます。武術では走りながらする瞑想はありませんが、歩きながらする瞑想があり、これを歩禅といいます。なぜ走らないかといいますと、走ると無酸素運動になって、体内にたくさんの空気を取り入れる必要が出てくるからです。そうなると、武術で基本としている鼻だけの呼吸が困難になってしまうのです。

歩禅を行うにあたって、場所は山や林の中など空気が澄んでいる場所の方がより効果的ですが、室内でも問題ありません。冬場なら歩禅から瞑想をすると良いでしょう。歩くと身体の血流や気の流れが促進され、身体はリラックス状態になりやすいです。そのとき、舌は前歯上部を軽く押して、鼻からの呼吸を維持してください。こめかみや頬に力が入らないようにして、目は前を軽く見据えます。耳は自らの呼吸や心臓の鼓動などの内の変化を聴き、室外なら風で揺れる木々の音や鳥のさえずりなどに耳を傾けながら、徐々にそれらの音を吸収し消していきます。姿勢は「**姿勢は呼吸のために**」（P31）を参照してください。

続いて歩き方です。普段歩く歩幅で右手右足、左手左足のように手と足を同時に出して、呼吸に合わせて片足ずつ体重をしっかり乗せて歩いていきます（図35）。足が地面についたときに杭で足を打ち込む感じでしっかり地面を踏みしめます。手の握りは内圏手（注2、図36）というやり方です。最初はおよそ五メートルの距離を、円を描くようにゆっくり歩きます。右回りしたあと左回りというように、双方向に歩いてください。「こっちの足の方が運びやすい」など、左右で差が表れるでしょう。最初は百歩、二百歩の歩数で、慣れてくれば十分、二十分と時間をかけていきます。また、かかとを上げての歩禅をすればさらに脚力、特にふくらはぎが鍛えられます。

この練功をすることによって、一定した振動が内臓に伝わり、その刺激で自律神経が安定して集中力が増すでしょう。また、血流や気の循環が活発になります。効用は、全身に血流や気が巡り心身が強化され、気が丹田に下がり、目が輝き出すようになります。歩禅では呼吸や心臓の鼓動などがそばに感じられ、深い瞑想状態に入ることができて、至福感を得られやすいでしょう。

図35　歩く姿勢。

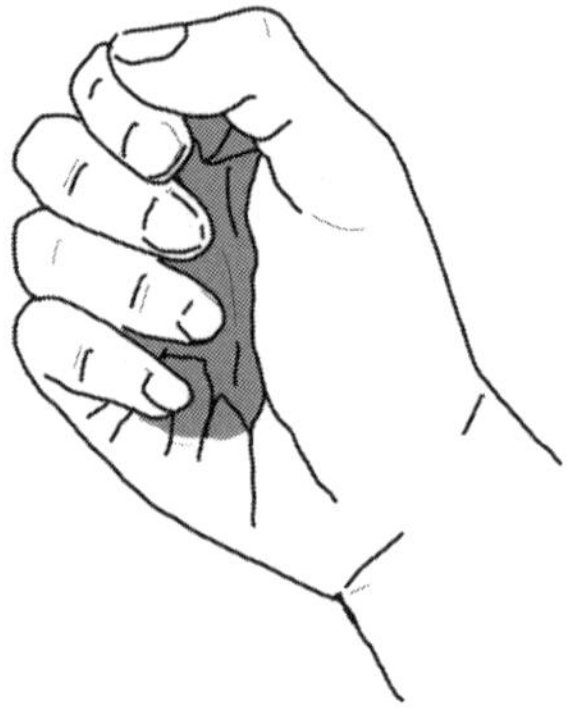

図36　内圏手。

（注1）ランナーズハイがあってスイマーズハイがないのは、走ることによる内臓への振動が関係すると思われる。武術では内臓の練功をすると集中力が高まると理解されている。

（注2）内圏手とは、卵を潰したり落としたりしないように持ったときの手の形。

八　立禅

今度は立禅に挑戦です。全身がほぐれていない状態で立禅をすると、肩や肘などの痛みが発生しやすいので、立禅から瞑想をする場合は、事前に肩や腰回りの練功と丹田ストレッチをしておくことをお勧めします。やり方は、まず足を肩幅に開いて立ちます。姿勢は「**姿勢は呼吸のために**」（P31）を参照してください。

呼吸を整えて丹田に力を入れて息をひそめ、気を巡らせるようにします。立ち姿は、まるで熊が立っているように、肩を沈めて大きな丸太を抱えている感じをイメージして腕を前に回し、膝を軽く曲げます（両膝微屈）。こめかみ、頬の力を抜いて、まぶたを軽く閉じて（垂簾）光を少し感じるようにします。耳は自身の内面の音と外面の音を聴き分けます。舌を前歯上部に押し当てると気管が開放され、自然と鼻からの呼吸になります。その後、唾液の循環が活発になり、唾が徐々に透明になっていきます。初心者の方は呼吸法に慣れるまでは武息法にするのが良いでしょう。上級者は呼吸法を文息法で、二十分から四十分をめどにして自然と一体になるように心がけます。室外は上級者向きで、様々な音や匂い、風を感じることができるでしょう。初心者は三分から五分くらいリラックスして立禅を行ってください。

効用は、一定の呼吸を続けることで全身に血流や気が巡り精神が安定します。自然な立ち方を理解することにより普段の呼吸時に正しい姿勢が保てるようになります（図37）。

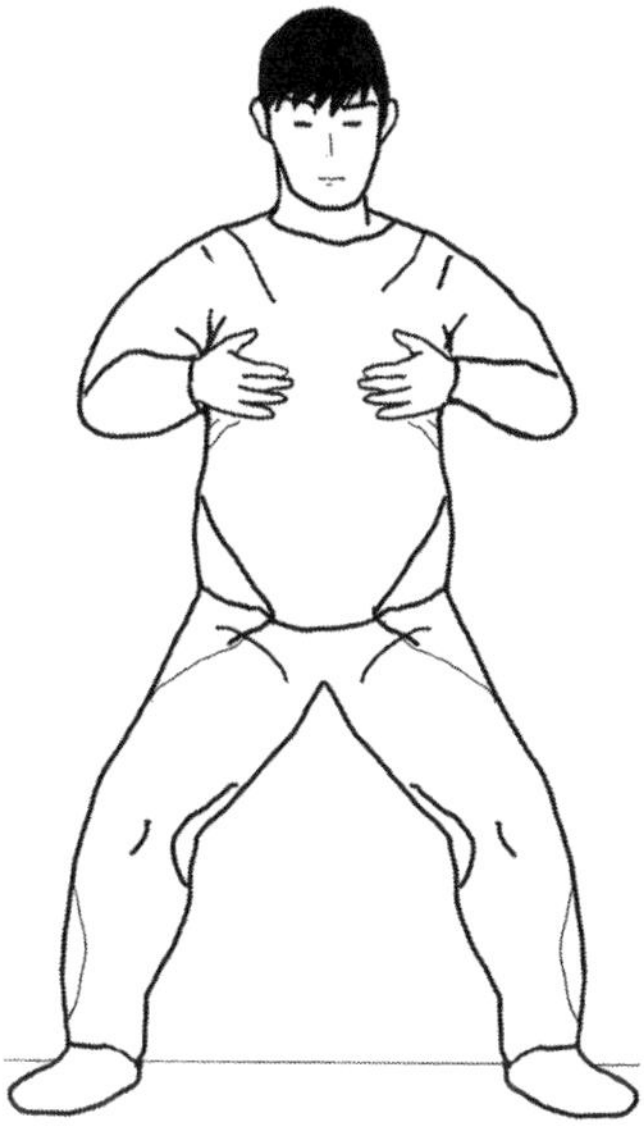

図37　立ち方。

九　坐禅

自然門武術では坐禅を静坐ともいいます。全身の循環がそれほど活発でないときに坐りますと、足の痺れなどの原因になりますので、血流や気を整えてから坐るようにすれば、精神が安定してより深い瞑想状態に入れます。日本の坐禅講座でただ楽に坐るようにと教えられるところもありますが、ある程度、全身が循環した状態で始めた方が高い集中を得られやすいでしょう。坐禅は屋外でも室内でも構いませんが、室外は上級者向きです。風やその他の自然現象、夏ならば蚊などの虫によって無心を逸らされる場面に遭いやすいからです。基本が身に付いて慣れてくると、静かな森の環境でも、坐禅で爽快に瞑想できるようになります。

坐禅の始め方です。鼻から息を吐き、肩を楽にして静かに坐りたいと思い心を落ち着かせてから坐ります。そのときに、坐布などでお尻を無理に高く上げて両膝を床につけるような日本坐禅の形を取らずに、自然体で坐ってください（薄いマットなどを敷いて坐っても構いません）。日本では屋内で履物を脱ぐ習慣があり、伝統的に畳や床に直接座る生活が続いています。そのときに背筋が丸く前かがみになることを戒めるために、日常で背中が曲がらないように、これを「猫背」といって注意してきました。そのため日本の坐禅でも背筋をピンッと張れるように坐布の工夫がなされたと推測されます。ちなみにアメリカや中国では猫背という概念はなく、理由は様々考えられますが、大きな要因は室内を土足で生活し椅子に座ることにあると思われます（注1）。

坐り方は「**姿勢は呼吸のために**」（P31）を同様に参照しますが、坐った状態ですので骨盤に背骨を乗せる感覚になります。坐り方は結跏趺坐（P44）で坐ります。できなければ半跏趺坐（P44）でも構いません。先ほどの主要八関節の練功をして循環を円滑にしていれば、身体の硬い人でも自然に結跏趺坐が組めるようになります（結跏趺坐を勧めるのは、この坐り方が瞑想において一番安定するからです）。手は左手を右手の上に軽く置いておへその下辺りに静置し、舌は前歯上部に軽く押し当てます（立禅のときより、少し軽く）。唾液の循環が潤い集中したあとは、まぶたを軽く閉じて光を少し感じます。このとき完全に閉じないようにします。耳は自身の内音と外音を聴き分け、徐々に外部の音を消していくイメージです。次に丹田に意識を持ってきて注意深く丹田を観察します。坐禅をする場合は丹田（内臓、特に腸）に意識を集中し、最後に息を整えます。呼吸は鼻で吐き、文息法で呼吸があるかなきかの息遣いで、いつまでも続くかのようにします。初心者は十分から二十分くらいでよろしいでしょうか。上級者は四十分から一時間くらいできれば良いでしょう。ただし武術の柔功、座式柔功を学ばなければ深い瞑想態で長く坐るのは難しいと思います（図38）。

（注1）ある著名な禅寺で「なぜ坐布でお尻を高く上げて両膝を床につけるのですか」と質問したら、和尚さんはわからないと答えられた。あらためて説明しなければならないような特殊な概念ではなく日常に溶け込んでいるので、わからないと答えられたのではないだろうか。

図38　坐禅。

十　瞑想総括

このように歩禅、立禅、坐禅など動的瞑想から静的瞑想まで様々な形の瞑想を体験していく中で、自分に合うものにたどり着くことでしょう。その先に動功と静功が融合すれば心身の安定に顕著な効果が得られます。

瞑想は五感（視覚、聴覚、触覚、味覚、嗅覚）と意識を「無」にすると同時に、五感を研ぎ澄ませる練功でもあります。武術の瞑想には、この五感に関する注意点があります。例えば、実戦練習では視覚ばかりに頼ることなく五感を十二分に働かせて、全身全霊で相手に対峙するようにします。そのために、日々の修練では歩禅、立禅、坐禅の練功を通して五感を研ぎ澄ます必要があるのです。五感を冴え渡らせれば気力体力、共に充実するでしょう。

日本の坐禅は調身、調息、調心を重視します。坐禅のあとに経行（歩く）で痺れを取り除くことはしますが、あらかじめ痺れないように身体を準備することはあまりしません。日本の坐禅には武士道の要素である「我慢は美徳」の意識が存在するからかもしれません。一方、中国武術では柔功や気功を施して痺れない状態でより良い集中をしたい、と考えますので、事前に身体を準備したりします。瞑想における日本と中国の発想の違いは興味深いものがあります。この差異は、日本の禅が南宗経由だったので坐禅の武術的練功が失伝して入ってきたから生じたとも推測されます。

現在の瞑想は自律神経を整え、精神を安定させる最も有効な手段でもあります。主要八関節と丹田マッサージ、内臓ストレッチ、三種類の瞑想を組み合わせれば、特にハードな練習をしなくても安定した健康と精神状態を維持できます。身体を鍛錬して瞑想をすれば、さらに良い心身の状態でストレスを解放して日々を過ごすことができ、病とは縁遠い天寿の全うにしっかりとつながっていくということは、言うまでもないことでしょう。

十一　道教講座

武術には、鍛錬以外に生活に即した道教的教示があります。それは「食事」「睡眠」「武術」です。この三つを正しく理解すれば健康的な生活を営めます。

最初に「食事」は「五つの白」を吟味します。「一、塩少なめ」、「二、砂糖少なめ」、「三、ご飯と玄米なら玄米」、「四、うどんと蕎麦なら蕎麦」、「五、食パンと黒パン（ライ麦パン）なら黒パン」と諭されますが、どうしてもそうする必要はなく、正しく選ぶことが最も大切であると考えます。何よりも家族や友人と楽しく食事をすることが人生において最も肝心ではないでしょうか。同時に自分の身体に合った食物を探し出す必要もあります。ただ、現代社会において甘味食品やジャンクフードなどはカロリーが高すぎて栄養バランスが損なわれやすいので注意してください。ちなみに食事のときに一口につき噛む回数は三十六回と自然門武術ではいわれます。

「睡眠」については、睡眠不足は生活のリズムを崩し、単純な判断ミスなどを起こす原因になります。最低六時間の睡眠は取るようにしますが、少ない睡眠でも大丈夫だという人もいますし、八時間以上睡眠が必要だという人もいます。ただ、武術の修練を睡眠不足で行うのは自殺行為と言っても過言ではありません。目安として最低六時間としますが、自分の心身にどれくらい睡眠が必要かは、自分で把握しなければなりません。

ここで言うところの「武術」（運動）については、身体を適度に消耗して、少し身体にストレスをかけることが肝要だということです。「食事」と「睡眠」は主に身体を回復させることで心身のバランスを保とうとするのに対して、「武術」は身体を適度に疲れさせることで、三つの要素の均衡を図るのです。武術鍛錬をすれば空腹になり、料理を美味しく食べられます。また内臓鍛錬の効果で便秘などを防ぐとともに、消化速度を速めたりします。鍛錬をしていなければ、どんな栄養バランスが整った食事でも、ただの過剰摂取にしかなりません。武術練功をすれば身体が疲れて夜にはしっかり眠れるようになります。夜眠れないのは、まだ身体に余力があり、無意識にその日を終わらす気がない状態に陥っている場合がほとんどです。これでは、どんなに良い枕や寝具を買っても寝つけません。

武術の修練は日が昇るときに行います。それは規則正しい生活を送れるという面もあり、朝夕と武術修練をすると、身体がほどよく疲れるので、食事を美味しく食べられるうえに、一日の終わりには安眠ができます。人生において最も大切な生活習慣はこの三つのバランスではないでしょうか。このような生活は自律神経を安定させ、免疫力や代謝を良くするので、終生健康な生活を営めるのです。

第3章　武術の指導概要

武術指導において最も大切なことは「先入観」「偏見」「固定概念」の三つを排除して指導することです。一定の技術の習得が終われば「継続力」「判断力」「想像力」を伸ばす指導に切り替える必要があります。同様に自身の門派の特徴、歴史、型の概要、練習方法、戦闘時の心の置き方、実戦練習などは当然熟知しておかなければなりません。例えば、自然門の「門」にはアカデミー（学校）という意味が含まれますので、武術以外にも学ぶものがあります。他にも、太極拳の「拳」にはより専門的な意味合いがあり、一つの技術をおおよそ追求していきます。剛柔流などの「流」は、いくつもの動向を束ねることから流（流派）といいます。それぞれ「門」「拳」「流」などは、専門的分野の広義や歴史的背景が異なります。日本では「道」と示すところが多いです。第一章の「**日本の武道について**」（P19）で述べましたが、その道に終わりがないと通常定義しています。このように、いずれの指導者もこれらを十分理解する必要があります。ちなみに自然門の指導概要の中には「拳術」「機器術『武器』」「修道」「接骨術」「漢方」「瞑想」「点穴術」「推拿（スイナ）」

（注1）があり、面白いものになりますと「馬術」「泳術」などもあります。

（注1）推拿（スイナ）とは、漢方、鍼灸と並ぶ中国三大療法の一つで、日本では「中国式整体」ともいわれている。

一　指導者の種類

指導する人間は「先生」「師範」「コーチ」「インストラクター」「師父」などに分かれ、指導方法は多岐にわたり、対象者（生徒）の教え方や導き方が違ってきます。

「先生」は「先」に「生」まれる、と書きます。生徒より年上の方が多く、主に技術と経験を教える人です。例えば、小学校、中学校の生徒は一定の期間に指導を受けて国が定めた学力への到達を目指します。先生は生徒を六年、三年と順々に指導して卒業させれば、また新しい生徒を指導していきます。ただ、塾講師などは学習技術だけを教えるので教員免許は必要ありませんが、小中学校の先生は生徒に技術や経験だけでなく、生徒とより深く接して時には彼らの本質や魂にも触れるので、国が定めた教員免許が必要となります。それは医師が患者に対して、場合によっては許可なく身体を傷つける（緊急手術や注射）などと同様の重大な責務を負っています。事実、誰でも学生時代の先生を一人は覚えていると思います。また、先生の助言によって一生が決まる重大な出来事があった人は、たくさんおられると思います。以前、小学校の先生と話をしたときです。子供が「社会のために役に立ちたい」と言えば、もう教えることはあまりないと、言っておられました。素晴らしい先生が子供を指導すると、このような生徒が出てくるのだと実感しました。

「師範」は、模範になる人というのが主な意味です。技術や経験もさることながら社会的良識を持った人物です。生徒は師範の技術だけでなく人徳や社会的態度を尊敬します。全国の空手道場主は師範と呼ばれており、やはり素晴らしい人徳者の方々ばかりで敬愛の念を抱いています。日本の中国武術クラスで昇段試験（ベルトシステム）を採用しているところの指導者を師範と呼ぶ場合もあります。通常、昇段試験は中国武術にはありませんが、日本の昇段試験を採用する中国武術クラスが増えてきています。理由は生徒たちの目標設定が明確になる、昇段試験のたびに受講料が入るのでクラス運営が円滑になるなどがあります。

「コーチ」の言葉の由来は馬車や車夫、目的、目標へ導く人の意味です。つまりは、生徒の現在地から目的地に連れて行く人をコーチといいます。現在ではコーチ（コーチングをする人）は選手に対しての指導者という枠にとどまらず、会社経営のコンサルタントなども含まれます。今日では「問いかけて聞く」対話型の指導法が増えているようです。武術太極拳のアジア大会を目指している生徒らは、中国武術であっても指導者をコーチと呼んだりする場合もあります。

「インストラクター」は、舶来した新しい文化や様式を教え伝える人のことをいいます。フィットネスクラブやスポーツジムなどに所属して指導する方などです。スポーツジムの太極拳では太極拳インストラクターと呼ばれたりもします。受講者はある一定の技術の獲得を目指します。

「師父」（しふ）は父親のような人を指し、技術はもとより、努力の方向性に重きを置いて指導する人のことです。生徒が家族の一員になったりするような深い仲を「拝師する」と表現し、日本の内弟子の観念に近いです。師父の最大の目標は、自ら教えた生徒から武術を学ぶことです。

二　師父の段階による指導方法

師父の教え方は、生徒をよく観察して一番良い方向に導くことを第一とします。武術の教え方は子育てに似ているといわれます。最もいけないのは、個人的経験だけで指導するやり方です。あくまで「先入観」「偏見」「固定概念」を排除して指導しなければなりませんので、自身の生活習慣を常に整えて、心を素直にしておく必要があります。もちろん経験が指導基盤になるのですが、それは自己の経験でしかなく、その経験から得たことがそのまま、その生徒に合うかは全くの未知数です。自己の経験はあくまでヒントにしか過ぎず、経験だけを当てはめて教えれば、おおよそ失敗します。だからこそ、生徒をしっかり観察して指導しなければなりません。生徒をよく観察したうえで、例えば「初心者」「中級者」「上級者」などのように、習熟の段階を見極めて指導していきます。

初心者には手取り足取り教える。このとき、動作の説明では、「先に開展を求め、後に緊湊に至る」を心がけます。「始めは大きく伸びやかな動きを習得させ、やがて小さく引き締めた動きにしてゆく」という意味です。これが武術指導の基本原則になります。指導は決して慌てずに、一つの動作を根気良く丁寧に教えます。一生の付き合いをするという気持ちで教えていけば慌てることなく指導できるはずです。

中級者にはしっかり声をかける。手取り足取り指導する段階から離れ、中級ぐらいになると生徒は自分の足りない点を少しずつ理解していくようになります。他の練習や武術兄弟の動作に興味を持って自己解釈していきますので、一知半解（小さな知識で全てを理解したと思う）を諫めます。時に理解が曖昧なようならば、実際に動作させてみて、理に適っているかを見極めます。生徒自身が学んだことをしっかり説明できるかどうか、耳を傾けます。

上級者は目をかける。いちいち説明しなくても良くなり、生徒は師父の目や仕草を見て、合っているか間違っているかがわかるようになります。指導者は、これらの生徒をしっかり観て、そのときのコンディションを確認してからメニューを組み立てます。特に大技を使う際などには気を引き締めるように注意します。この時期は、慢心による怪我が起こりやすくなります。この頃になりますと自分自身の身体を自在に操れるようになり、楽しさが増すにつれて、大技を試したがる心理が働くからです。特に成長期の生徒の場合、跳躍やスピンの力が時として骨、筋、腱の強さを超えてしまうことがありますので、十分に注意して観察する必要があります。

上の上級は気にかける。この辺りの段階に至った生徒からは、初心者を指導させるようにします。その生徒が指導しているときは原則、指導者は間違いの指摘をしません。生徒が説明している途中で、他者が立ち入らないような環境を整えます。時に間違った指導をしてしまうことがあっても、その生徒の糧になるはずです。これら上の上級生徒が初心者に指導する際は、次から次へ、できるだけ多くの技や技術を教えるのが良い、と思って指導する場合があります。しかしそれは、指示（初心者への指導）をそのまま反映させているだけで、初心者（相手）の立場を理解していない場合がほとんどです。この場合（指導中でなく）後から、「自分が最初に習っていたときには、少しずつ習ったのではないか」と説きます。このときに相手に合わせて教えるという重要性を説明します。言い古された言葉ですが「人は教えることによって最もよく学ぶ」のです。

それら、さらに上。多くの場合は、これまでに紹介した四つまでですが、さらに上があります。それは練習には終わりがないと自ら理解し、昨日より今日、今日より明日というように、至極の境地に達し「武術を愛したでなく、武術に愛された」と人々に評されるレベルです。我が師の呂耀鉄師父がそのような方で、五十年間、毎朝四時から練功されていました。師曰く、武術で何が一番難しいかとの問いには「続けること」とおっしゃっていました。

以上が基本的な段階別の指導方法です。特に上級ぐらいからは、「教えないという指導」を採用して自己成長を促すと同時に、初心者の指導などを通じて責任感を少しずつ持たせるように導きます。面白いことに、それまで敬語を使えなかった子供が、初心者に指導を始めると敬語を話すようになります。指導を経験することによって、責任感や自分の置かれている立場、「尊敬」を自覚します。何より大きいのは、自分自身が目上になるのを体感できるからでしょう。

上級以上は技術の習得から離れ「継続力」「判断力」「想像力」の三つの力をどのように発展させていくかを指導の本望とします。普段の練習で生徒が集中できない理由には、環境、自分自身、状況という大きな三つの要素があります。例えば雨（環境）、足が痛い（自分自身）、時間がない（状況）などです。これらの問題が出た場合には、原因を速やかに究明し、解決を通して生徒の力が伸びるように導きます。

最後に、指導の前提に関わる大切なことがあります。指導者は得てして教えたがるので、生徒に対して積極的な放置や指導を抑えるように十分注意することが必要です。同様に指導において、欠点を直すというのは、その生徒の長所を消す場合がありますので、直すときには、よくよく考えなければなりません。そのためには生徒自ら考え、工夫するように導く指導をする必要があります。

三　力を抜いて、力を入れる

学校の部活動や運動にしっかり取り組んだ人は、指導者から一度や二度は、動作に対して「力を抜け」や「力を入れろ」と言われたことがあるでしょう。武術ではどのように「力」を説明しているのでしょう。最初に「力を抜く」というと、ふつう肩の力になります。肩に力が入ると横隔膜や胸骨が緊張して呼吸が安定しません。正しい呼吸が体内の循環を整えて精神を安定させるので、このとき「力」も安定して発揮できるのです。
それでは「力」はどこにあって、どのように入れるのでしょう。先に述べたように「力」が発動する位置は丹田です。丹田が「力」の源であり、身体の動力源です。「力」の入れ方は、おおよそどの門派でも、通常は呼吸を整えて自然体で丹田を意識することが「力」の入った状態になり得ます。またこのように丹田を意識することで、上半身と下半身の連動が円滑になり、呼吸が安定します。

武術や運動の世界で天賦の才と評される人は、この「力を抜いて、力を入れる」感覚をおおよそ最初から身に付けている人で、動きに無駄がないと賞賛される人です。また、練習の過程で生徒が突然うまくなったりするのは「力を抜いて、力を入れる」感覚の歯車を自身で合致させ体得した場合がほとんどです。これは武術の動的技術（戦闘は別）の理想になります。

武術では、身体を自由自在にコントロールする練功から始まります。個人差はありますが、数年すれば「吐吐」（トゥントゥ）の練功を学び理解します。意味は唾を軽く吐くということです。それは身体の収縮と膨張によって力を一気に最大限まで高めることができます。その感覚でパンチ、キックなどのあらゆる動作を行うように指導していきます。どのような動作に対しても軽く唾を吐く感覚で渾身の力を込められれば、圧倒的な能力を発揮することになるでしょう。また、多くの中国武術の型が動物を模倣しているのは、野生動物の一挙一動には邪心がなく「力を抜いて、力を入れる」状態で活動するからです。

最後に、動きに関して重要な点は「力」と「意識」を二つで一つと捉えることです。例えば、車の「ハンドル」が意識で「エンジン」が力（丹田）と理解します。エンジンが止まっていれば、ハンドルを回しても動かない（どんなに思い描いても実現しない）ということです。ですので師父（指導者）は選手や生徒に対し「力」を無闇に暴発させるのでなく、常に目的意識を持たせるようにしなければなりません。なぜなら丹田には「力」の源のみならず、欲求やエゴも宿っていると考えられているからです。そのために師父は生徒に「力」の定義やエゴを説明する必要があります。

四　障害のある方への指導

数十年前、ニューヨークで子供向けにカンフーワークショップ（講座）をしたときの話です。広い芝生の公園で、私と武術兄弟が十人ぐらいの子供に教えていました。その中に左腕のない子がいたのですが、アメリカ人武術兄弟は、お構いなしに熱のこもった指導をして、その子もひたむきに練習をしていました。「こうして、ああして、あっと、ごめんごめん、左手がなかったんだね！」武術兄弟が言うと、二人は目を合わせて笑い、周りの子供も大人もつられて笑っていました。

この話の肝心なところは、アメリカ人武術兄弟は、その左腕のない子のことを障害者だと思っておらず、その光景を見ていた私が、「左腕がない（という障害がある）から練習は難しい」と勝手に解釈していただけだったということです。日本で教育を受けた私は、この出来事に深く感じ入り、人との接し方を考えさせる大きな経験にもなりました。同時に、武術はあらゆる人が学べるという師の言葉を体感した瞬間でもありました。

翻って、このような分け隔てのない指導が日本でできるかといえば、現状ではまだ少し難しいでしょうか。

それは「人の容姿を悪い意味で気にしすぎる」という国民性があるように思えるからです。日本という国は、諸外国に比べてはるかに少ない、おおよそ単一の民族で歴史を重ねてきました。その結果、多様性を受け入れる素養が貧弱で、他人の欠点や障害に触れるのをはばかる習慣（恥の文化）ができ上がりました。日本の指導者たちは、日本で生まれ育っていく中で、半ば無意識の内に、このようなメンタルブロックを構築しているように思われます。このような考えを自覚することのないまま指導する立場の方が多数です。同様に障害のある方やその保護者の方には、一般の武術クラスでは迷惑がかかるから受講できない（しない）、と先入観を持っておられる方がいるのも事実です。我々のように指導者としてクラスや教室を預かる立場の者は、それらの社会的障壁を取り除き、誰でも平等に武術が学べることを積極的に告知していくのが役割だと信じます。

障害者の指導におけるハード面とソフト面

障害のある方たちへ指導する際の要点についてです。主にハード面（環境、物理的なもの）とソフト面（指導方法、指導体制など形のないもの）の二つの側面から、指導を考えていく必要があります。

ハード面（教える環境）…室外か室内か、もし選べるのであれば室内を選びます。室内は景色、騒音、天候などの影響や刺激が少ないので、集中しやすくなります。室内の環境で確認すべき主な事項としては、以下のことが挙げられます。
①人の出入り。視覚への配慮です。見えるもの（情報）は少ない方がより落ち着いて練習できます。
②室内の温度・湿度の確認と調節。
③照明の調節。特に太陽光は受講者が眩しくないように配慮します。
④音。聴覚的な配慮です。窓の外がすぐ側道でないか、線路沿いではないかなどを確認して、できるだけ気が散らないようにします。例えば、学校のチャイム、公園の騒がしさ、サイレンなど、音に対しての苦手はないかなど、受講者本人の状況をあらかじめご家族や担当の方に確認しておきます。消防車や緊急車両のサイレンに敏感な方、赤ちゃんの泣き声や子供の騒いでいる声を聞いて具合が悪くなる方もおられます。

これらを踏まえて、練習の始めから終わりまでスムーズに進行できるような環境を選んで整えることが第一です。安全確認ですが、障害のある方は姿勢保持が難しいため自分で体を傾けた場合に自力で支えきれず、そのままバランスを崩したり、倒れてしまったりするので、立位を取っている方にも十分に注意をして指導するよう心がけます。

ソフト面（指導内容）…教える時間帯は昼食前の午前十時から十一時ぐらいに設定し、最大一時間ぐらいでメニューを組みます。だいたい三十分前後で休憩を取ります。障害のある方には少し空腹の方が良いと思います。

講座内容は施設の職員やご家族と十分に議論します。この講座が、障害のある方にとって自立支援であるのか、リラクゼーションなのか、といったように受講の意図や願いを汲み取ります。それを出発点として短期、中期、長期の目標設定、特に長期的展望をしておくことが大切だと思います。そして、多くの障害者の方たちにとっては「力を抜く」ことが、実は大変難しい行為です。それを念頭に入れておく必要があります。

指導内容ですが、例えば車椅子の方が多い施設での講座であれば、たくさんの受講者が便秘などの排泄の問題を抱えている場合がしばしばありますので、丹田マッサージで内臓を活性化することを目指して内容を考えます。このようなデリケートな問題も、職員の方たちとしっかりコミュニケーションを取って、考慮したうえで指導内容を組み立てることが必須です。

最初は、気功で全身の血流や気を全身に滞りなく循環させてからの指導が好ましいでしょう。気功に限ったことではありませんが、どんな動作でもうまくこなせない方が現れると想定して講座を進めていきます。呼吸法から入るのは心身をリラックスさせるためです。中国武術の骨子は呼吸法で、これは身体を鍛え、精神を安定させます。気功による呼吸で胸式呼吸（浅い呼吸）から腹式呼吸（深い呼吸）に誘導していきます。障害者指導を始めた頃は、一般の人と同じようにストレッチで身体をほぐす方法から行っていましたが、まずは呼吸法の方に重きを置いてリラックスしてから、そのあとにストレッチを合わせる方が、その日の練功の効果が高まると実感しています。先ほども述べたように、障害者は多くの場合、体の力を抜くのが困難でありますので、呼吸法で力を抜くように促すのが良く、力が抜けてからストレッチを施さなければストレッチ効果があまり望めないからです。

次に、指導体制です。アシスタントは多ければ多いほど良いですが、大人の男性に対して恐れや警戒心などを抱かれるケースがあります。以前、海外留学生（白人男性）を障害者クラスにアシスタントとして連れて行ったときのことです。その学生は障害のある人に触れて良いのかと私に尋ねてきました。これは非常に良い質問でした。誰にとっても最初から障害者と打ち解けて指導やアシスタントをしていくのは難しいものです。お互いに対話を重ねて承認ができれば指導も容易になります。障害者支援は長期的展望を持って続ける必要があることを、このエピソードは教えてくれています。そういった観点から、子供たちに参加を呼びかけるようにしていきます。どちらかと言いますと小学校低学年の女の子は障害のある方に受け入れられやすいケースが多いようです。このとき、アシスタントが躊躇しながらサポートしていては良い指導ができませんので、事前に受講者の性格や特性などを説明しておく必要があります。アシスタントには、指導中は周りを巡回して受講者と積極的にコミュニケーションを取るように指示をしておきます。うまく身体を動かすことができない方には、その動きのポイントとなる箇所に実際に触れながら、刺激するように伝えておきます。障害のある方にとっても、普段接しない人に優しく語られることには喜びもあるかと思います。それは精神的な安定にもつながるでしょう。

その際の留意点ですが、指導者やアシスタントは受講者に直接触れる前に掌を温めておきます。温かい掌（気が充実した掌）は推拿（スイナ）の基本であり、相手の緊張をほぐします（図1）。指導者やアシスタントは呼吸法で事前に循環を整えておく必要があります。

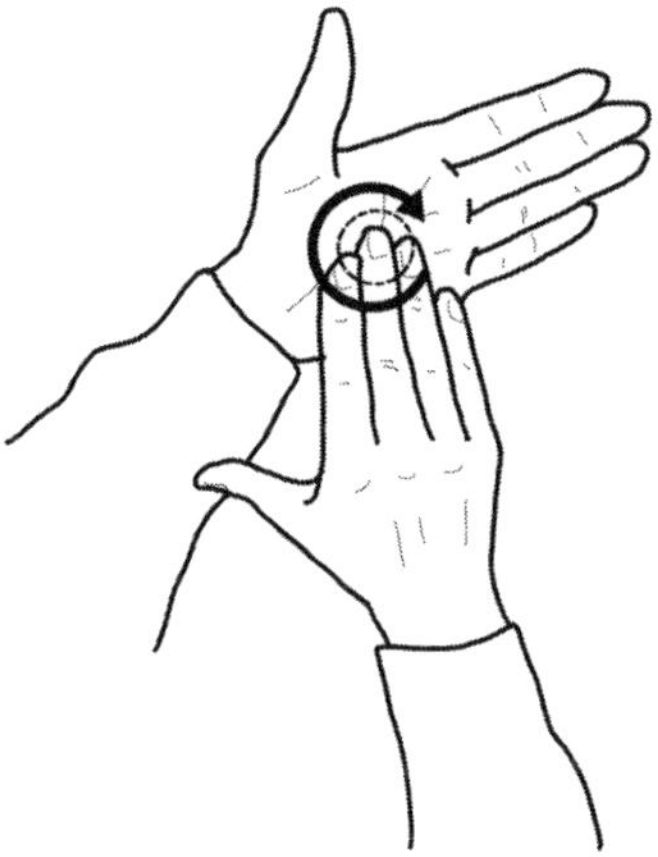
図1　掌を擦る。

第一練功、障害のある方への指導「基礎気功」

最初に自然呼吸で両腕を下から上に向けて上げて、息の吸いと結合させてください。両掌は胸前を経て下に落として、少し身体をかがめるとき、勢いが落ちるのに伴って、胸の膨らみと肩の緩みを息の吐きを合わせるようにします。外面（手の動作）と内面（内臓）が合うと自然と呼吸が深くなります（図2）。

このような説明をして障害者の方を指導していましたが、これは全くダメでした。まわりくどく、複雑すぎたのです。もちろん指導者は概要を理解しておかなければなりませんが、障害のある方には要点を一つに絞って、短く簡潔に指示してください。特に動作をなるべく簡素化する工夫が必要です。何よりも、リラックスしてもらい、身体の循環を促して深い呼吸をするのが目的です。その運動から「楽しみ、喜び、嬉しさ」などを引き出すようにします。微笑んで練習ができれば緊張を取り除き「力を抜く」ことができやすいでしょう。微笑みは全身、特に首筋から肩にかけての緊張がほぐれますので柔功（ストレッチ）をしているときは少し微笑みながらするのが効果的です。呼吸法も険しい顔でするのでなく、微かに微笑みながら講座

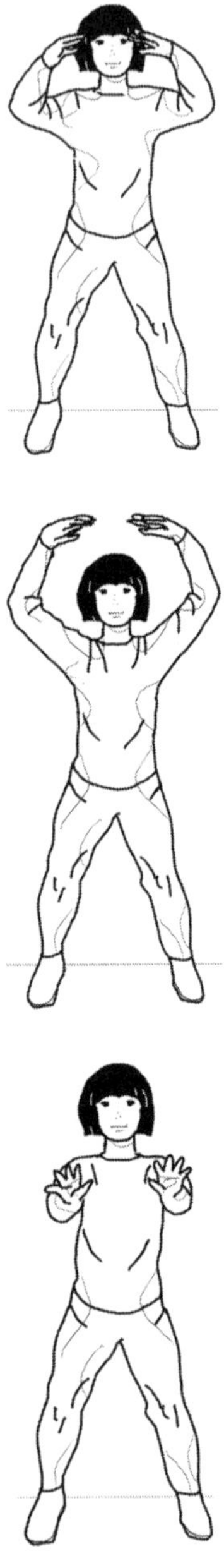

図2　基礎気功。

を進めると緊張を緩和させられます。その場の雰囲気を演出しながら練功を行うのも指導者の手腕にかかっています。これを踏まえて基礎気功（注1）を数回行ってください。

（注1）基礎気功は、最初、両手を下から目の前に持ってくる。次に最初より大きく手を広げてゆっくり顔の前に下げていく。最後は両手を脇に下ろして、次に手を胸の高さまで持ってきて上下させる。

第二練功、障害のある方への指導「主要八関節の練功と道功」

首…首のストレッチから行います。鼻から呼吸をするように促し、そのときに両手を組んで行うと、正中線（人体の中心）が安定するので、そのように説明しておきます（図3）。また手を組むのが難しい場合は、

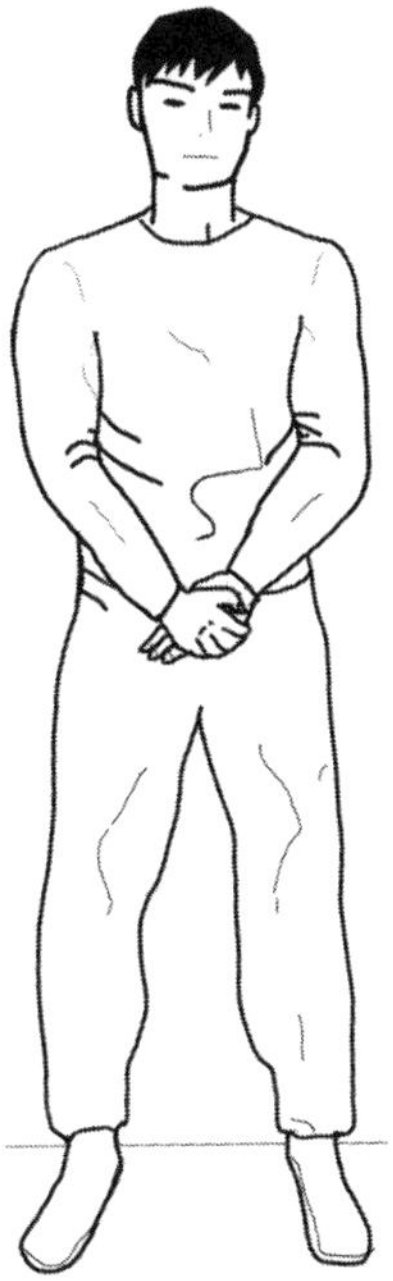

図3　手を持って。

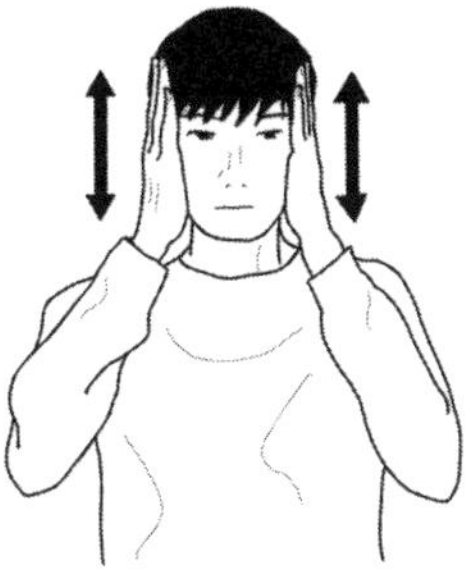

図4　掌でこめかみを擦る。

手を身体の一部につけて首を回すように指示します。前後左右に首を動かして、最後はゆっくり大きく回しながら呼吸を整えます。目が回ってふらつくのを抑えるために**道功**（擦面　サツメン）（図4）をしてください。水頭症などでヘルメットをかぶっている方には、ベルトがきっちり締まっているか始める前に必ず確認をします。

肩…肩まわりのストレッチ、通常は肩を上げて下げてのストレッチになりますが、発達障害、脳性麻痺、小児麻痺などで肩を釣った状態の方もおられるので、アシスタントへ肩まわりをほぐすよう、または、さするように指示しておきます（図5）。次に**道功**（甩手　スワイショウ）を前後左右に行います（図6、7）。身体をほぐしますが、隣の人に当たらないように配慮してください。

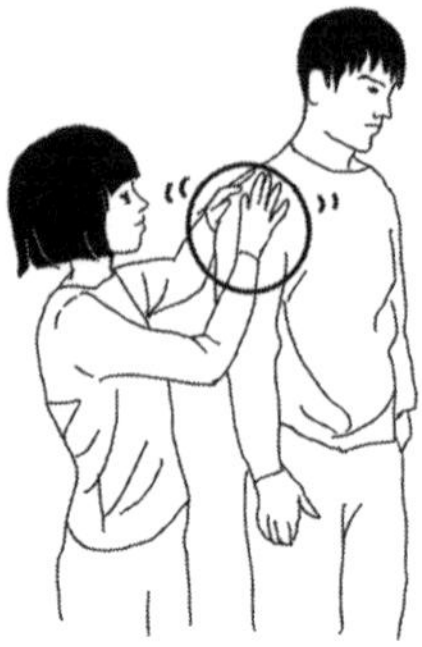
図5　アシスタント。

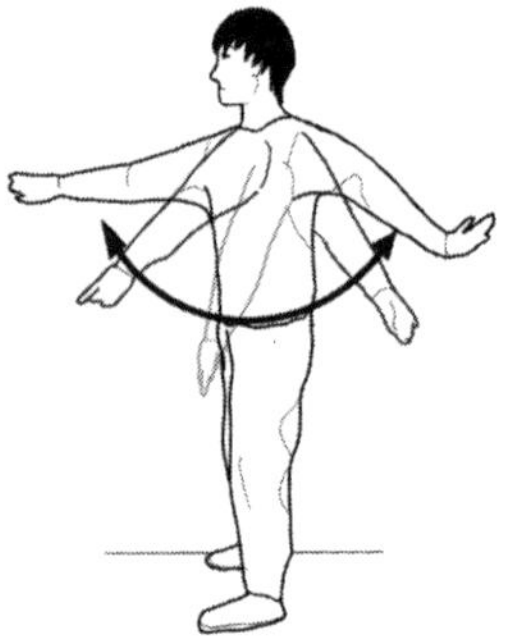
図6（甩手　前後スワイショウ）

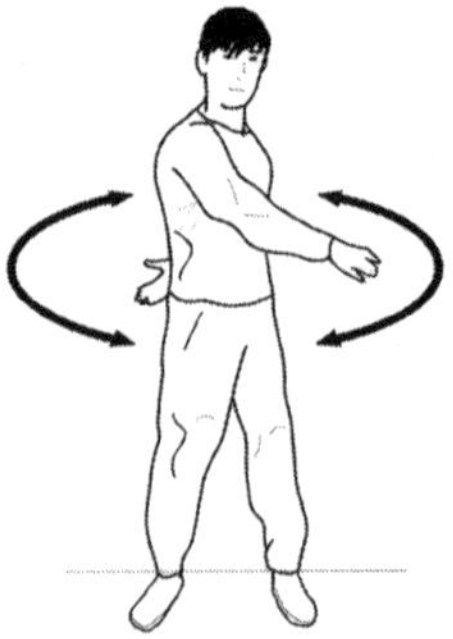
図7（甩手　左右スワイショウ）

肘…掌で肘を揉んでからストレッチに入ります。内回しと外回しをします（図8）。肘の可動域を広げて血流や気の流れを促進させます。先ほどと同様に発達障害、脳性麻痺、小児麻痺などで思うように身体が動かせない方がいるので、指導している人も全体を把握し、しっかりコミュニケーションを図りながらアシスタントを補助へ向かわせてください。

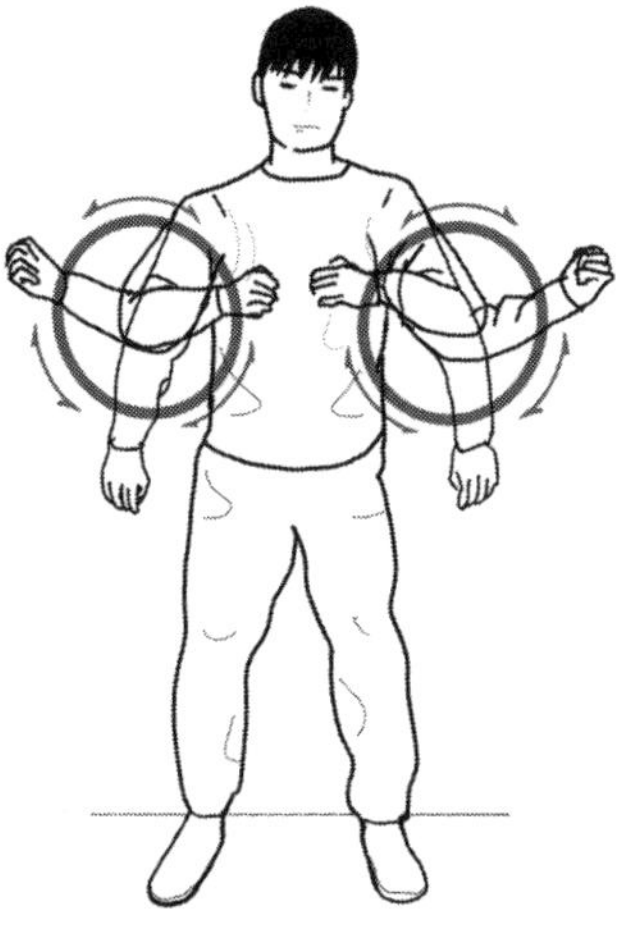
図8　肘を回す。

手首…手首のストレッチは手を合わせて手首をゆっくり回しますが、難しければ濡れた手を払う動作をします（図9）。同様に障害で手首を絶えず釣った状態の方もいるので、アシスタントにはしっかりほぐすように指示してください（図10）。

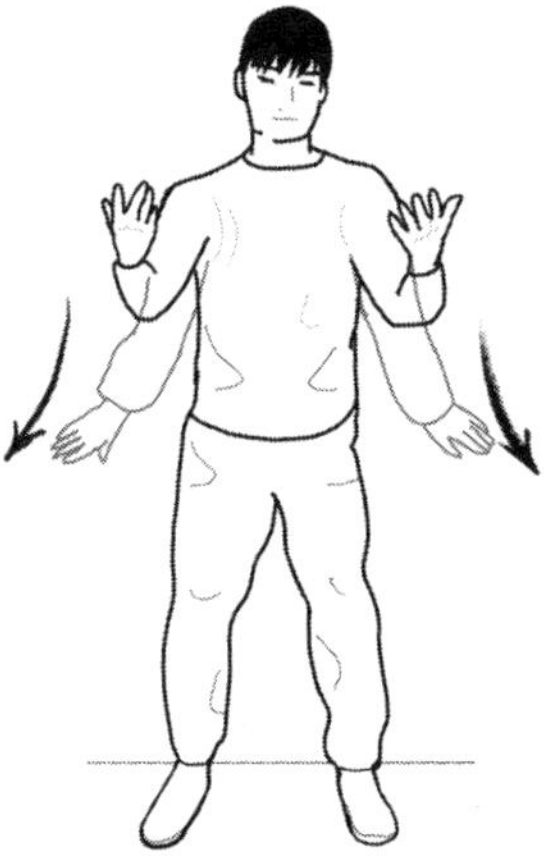
図9　水を払う。

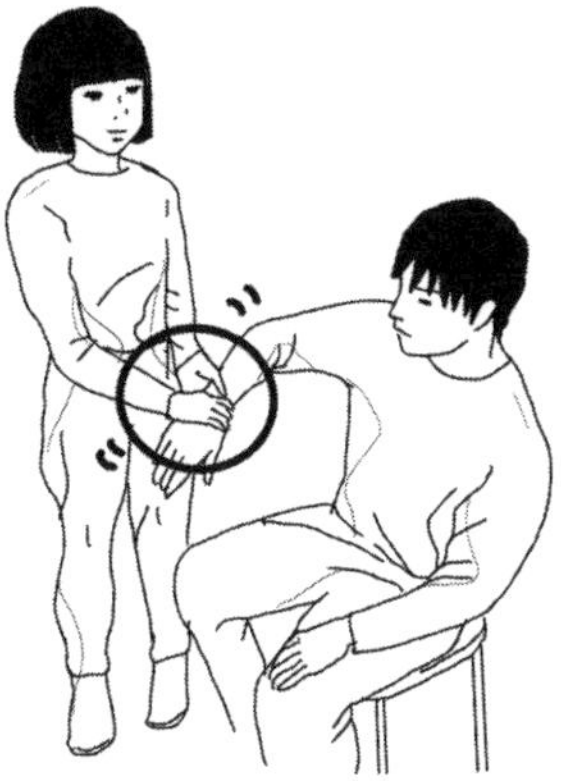
図10　手首。

ここまでで上半身の主要な関節四箇所のストレッチが終わり、ここからは下半身に入っていきますが、車椅子の方の割合を考慮して、上半身の運動を多めにするか、もしくは少なめにするかを状況によって検討します。受講者の障害の特性に応じて重視する動作を精選します。

腰…腰は上半身と下半身のつなぎ目ですので、しっかり練功を行います。腰を大きく円を描くように動かします。車椅子の方は座ったままで左右に腰を振るように促して、次に腰で円を描くようにします。そのあと前屈をします。続いて、天井を見て万歳の形を取ります。これをゆっくりと数回行います。このとき、立位での活動でも必ず注意してください。車椅子の方は決して頭を下げすぎないよう転倒に注意します。アシスタントは必ず補助に回るようにしてください（図11）。

股関節…股関節は足を開いて、お相撲さんが四股をする形（腰割り）を作ります。お尻を沈めるようにしながら手を膝に置いて膝を外に押し出し、お尻がまっすぐ落ちているのを確認してから、肩を左右に捻ってください。車椅子の方や座っている方も足を開いて両手を膝の上に置き、股関節を広げま

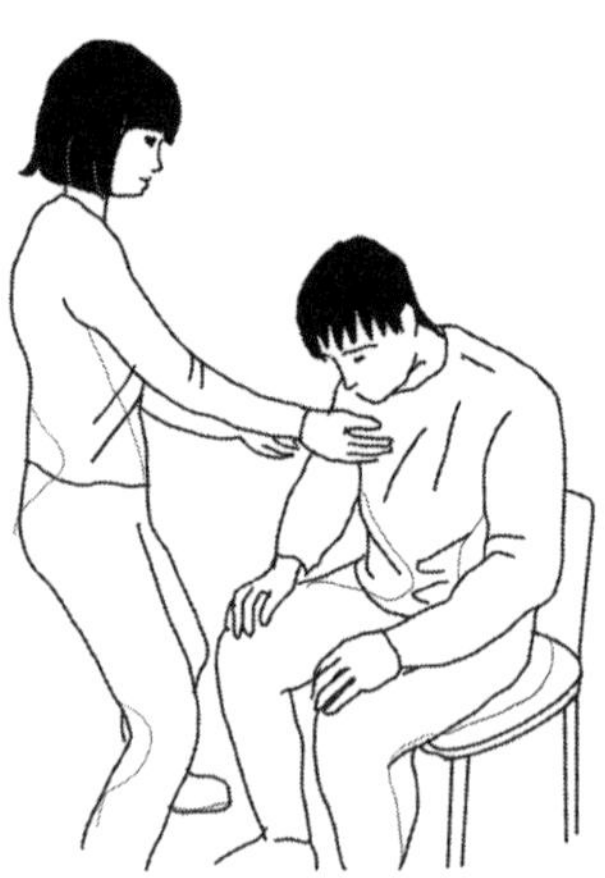

図11　前屈時の転倒注意。

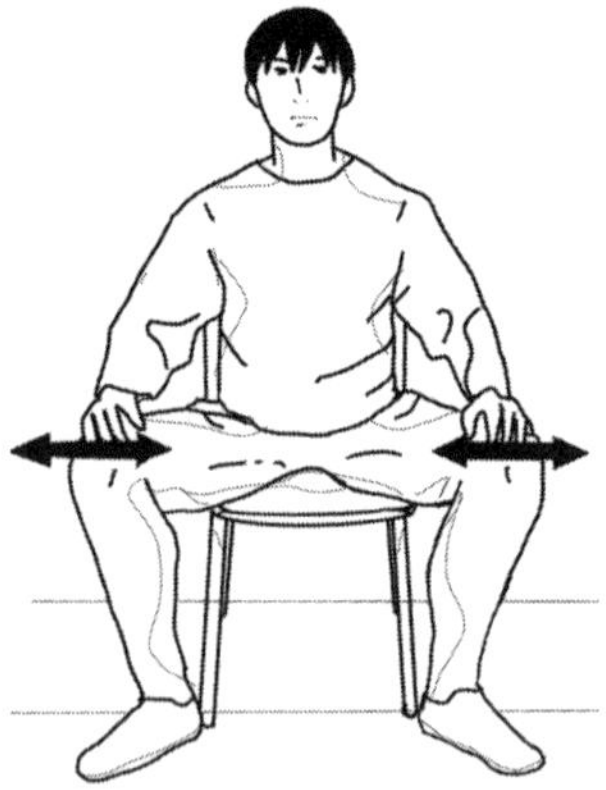

図12　車椅子や
座っている人の開脚。

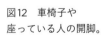

す（図12）。少し前かがみになりますが、こちらも前方に倒れないよう必ず注意してください。補助の必要な方には必ずアシスタントをつけます。立位の場合、麻痺のある方は膝に手を置いて腰を落とすストレッチはバランスを取りにくいので、状況によっては腰を落とさずに行ってください。

膝…掌を温めてから膝の外側、続いて、内側をさすってマッサージをします。次に指先で膝頭を、円を描くように丸くマッサージしてから、膝を揃えて左右に十回ずつ回します。車椅子の方や下肢に装具を装着されている方は、支障がなければ装具を外して、膝をさすったりマッサージを行ったりしてください。難しい方にはアシスタントが補助するように指示しておいてください（図13）。そのとき、装具を外すのに時間がかかって億劫にならないように、慌てさせることなく、朗らかに講座を進めます。装具は当人にとってはまさに身体の一部のようなものです。たとえ装具の取り外しや調整が必要になったときでも、それによって受講者や支援者に負い目を感じさせたり、焦らせたりすることのないよう、進行することが肝要です。朗らかに対応することは、誰もが安心して武術を楽しめる場所作りに欠かせないことです。

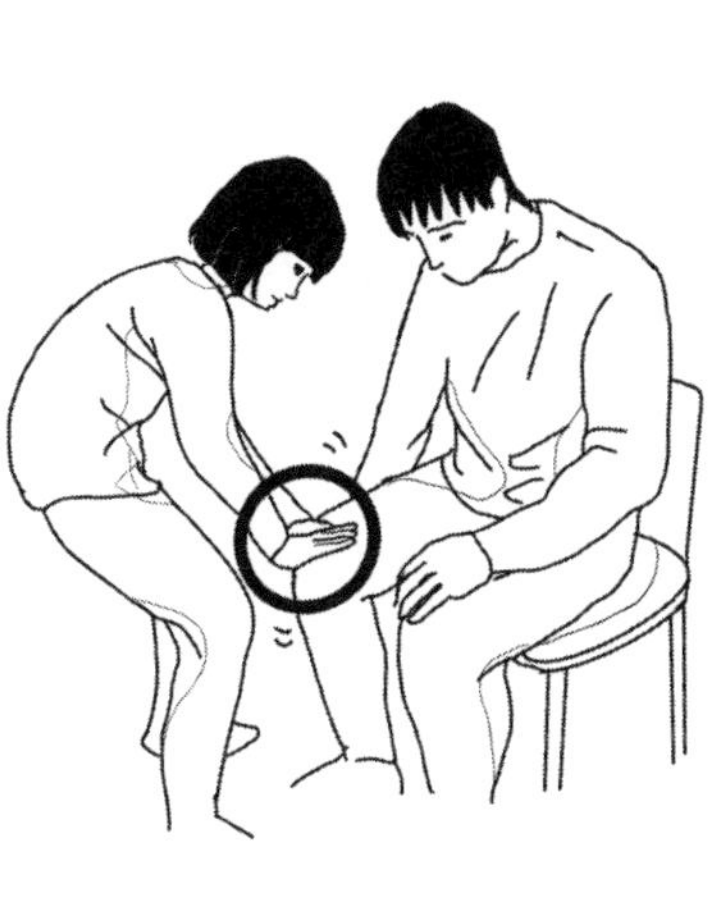

図13　アシスタントの膝マッサージ。

足首…立位での場合、片方の爪先を地面につけてバランスを取ります。そして、片足ずつ足首を五回ほど回します。次に半歩、足を前に出し、腰を落としてアキレス腱を左右五回ほど伸ばします（図14、15）。立位でのバランス時も転倒に注意してください。

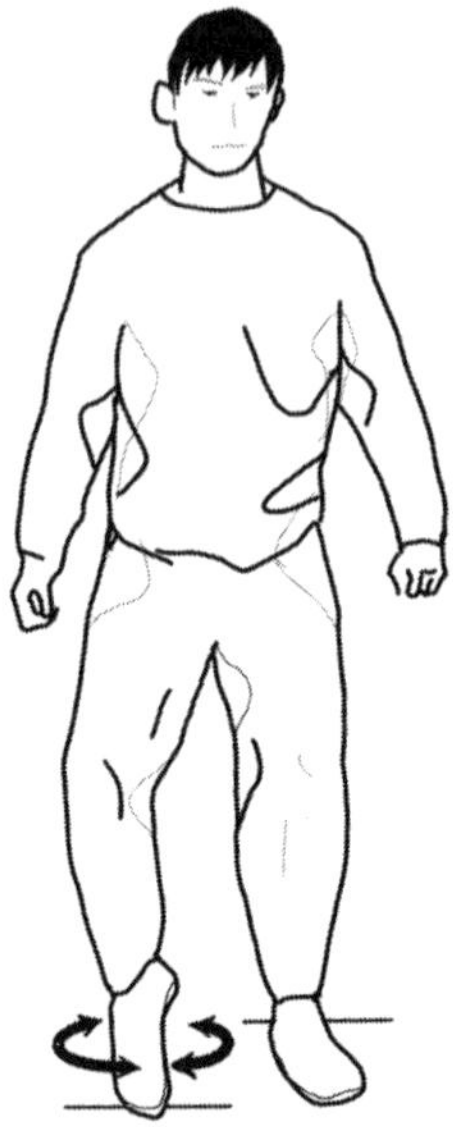

図14　片足バランス。

図15　アキレス腱。

関節可動域には個人差があります。決して人と比較をせずに、できないことに引け目を感じさせないよう丁寧に指導します。障害者の方やその保護者の方は動作ができないことに繊細な感情を抱いておられるので配慮してください。ただ、最初は必ず自力で動くように促し、できなくても必ずフォローを入れて、そのあとに補助するようにします。やろうという意欲が促され、失敗を恐れなくなるような環境作りも大変意義があります。呼吸を要所で説明して、心身の安定を図っていきます。

第三練功、障害のある方への指導「内臓へのアプローチ」

丹田マッサージ

最初に掌を温めてから、おへその下およそ八センチを、円を描くように両手を合わせてさすります（図16）。徐々に大きく呼吸と合わせるようにします。障害などで手を合わせるのが難しい方は、指導者の方やアシスタントが順番に回ってお腹をさすってみてあげてください。このとき、深呼吸をするように促しておきます。基礎呼吸法と、主要八関節の練功が身体の外周の血流や気の流れを促進しており、そのあと丹田マッサージを施すことで内臓循環が向上して、全身が温まります。丹田マッサージは人体の内周の流れを示しており、内臓疾患などの病気を遠ざけます。このマッサージで内臓循環が安定し、自律神経が整い、生理痛、便秘、冷え性の改善などがもたらされるでしょう。特に車椅子で生活をされている方は、丹田マッサージに時間をかけてください。指導者やアシスタントは、このとき座っておられる方のお腹の張り具合を必ずチェックしてください。

この丹田マッサージは、車椅子などの受講者が複数名おられる場合は少し長めに行います。特に、車椅子での生活が長い方はお腹が張っている場合があります。主要八関節のストレッチ

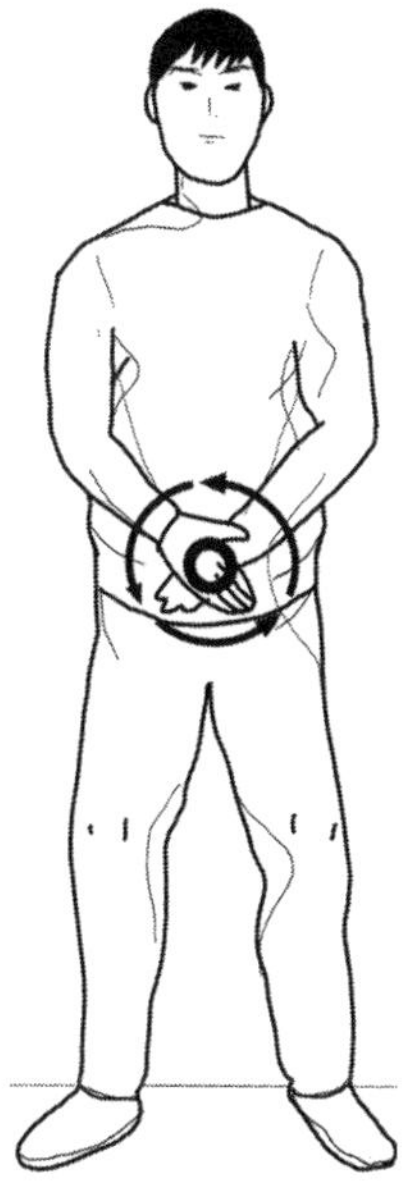

図16　丹田マッサージ。

と丹田マッサージを行えば内臓が活性化して消化が促進されます。また、便秘の方は丹田マッサージと消化に良い食事を合わせることによって、便秘の改善・予防により良い効果が得られるでしょう。

第四練功、障害のある方への指導「動功的気功」

ここから動功的気功に入りますが、主たる目的は呼吸法によって内臓器官の機能を安定させることです。先ほど述べた基礎気功（図17）を施し、呼吸を胸式呼吸（浅い呼吸）から腹式呼吸（深い呼吸）へと受講者をもう一度誘導していきます。それから、障害のある方に「肩の力を抜いてください」と言わずに（そう言ってしまうとかえって肩を意識してしまい、図らずも力が入ってしまう）、アシスタントや指導者が見回る時に軽く肩をさすって意識を向けるようにします。肩が上がっていれば腹式呼吸に導かれませんので注意してください。

易筋経と十二段錦（注1）の練功を行います（図18）。まずは易筋経の動作です。呼吸を整えて掌を上に向けながら、首の後ろから上げる動作をします。左右の手を捻りながら（左右三回ぐらい）頭上に上げます。次に十二段錦の一つ、騎馬立ち（図19）で左右交互に拳を四、五回打つ練功をします。このとき、腹式呼吸を正しく行い血流を促進させながら拳を打ちます。呼吸法に特化する場合は荀握固像形（注2、図20）の握りにして行っても良いでしょう。しっかり腰を落とすように負荷をかける指示をしつつも、楽しく、陽気に行えるように配慮します。負荷をかける運動には、筋力の増進を図り、全身の血流を強く流す意味合いがあります。

最後にクールダウンです。十二段錦で、両手をおへそに置いてから手を後ろに回し、腰、太腿、ふくらはぎと手を徐々に下げて、最後に足首で手を身体の前方に回して、今度はスネ、足、お腹と上がっていき、頭は身体に沿ってゆっくり上げます（図21）。呼吸を合わせながら数回繰り返してください。

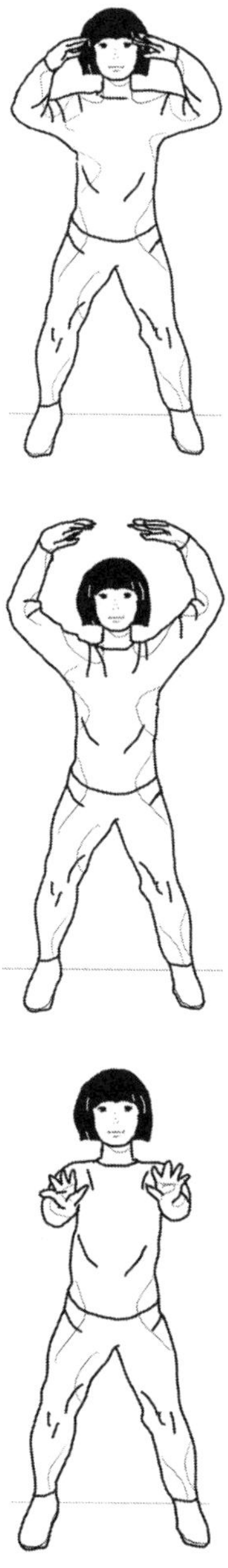

図17　基礎気功。

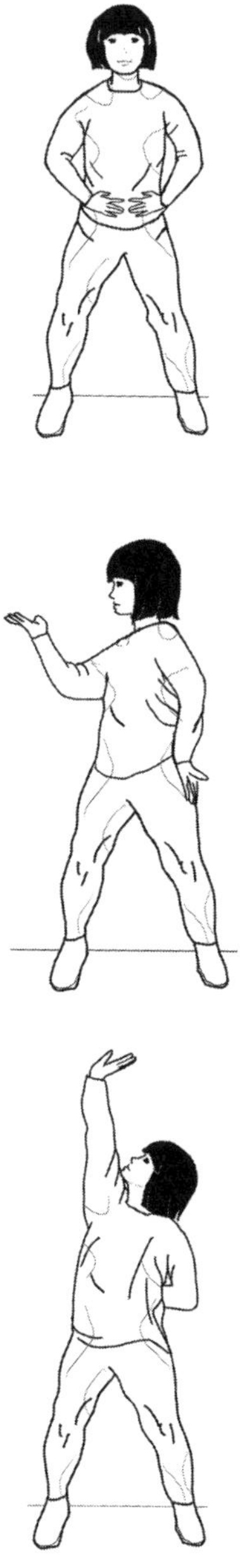

図18　易筋経。

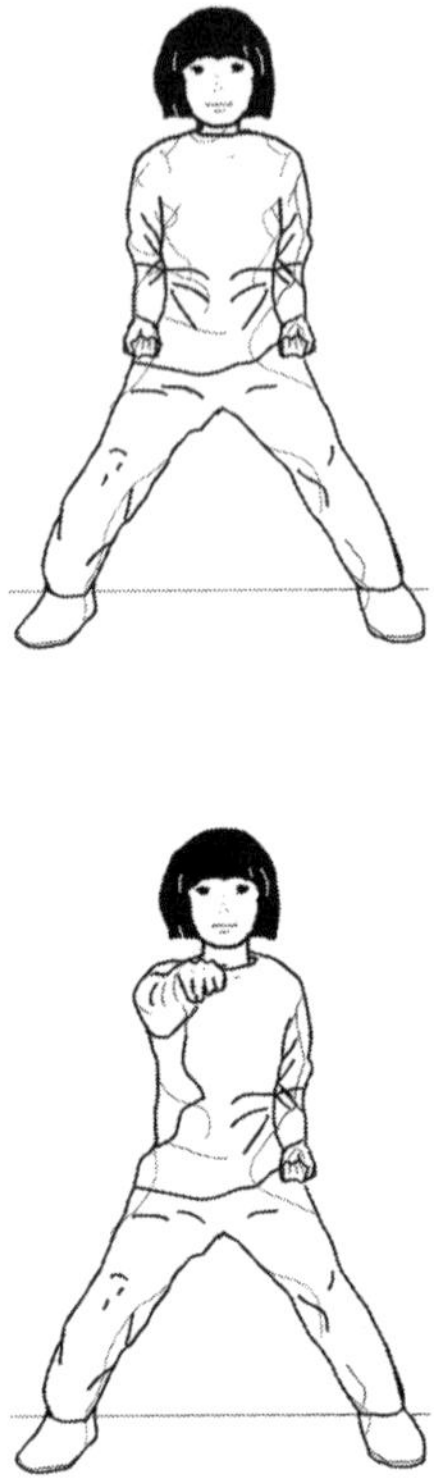

図19　十二段錦。

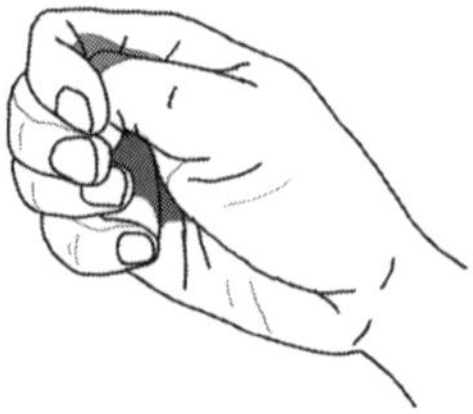

図20　荷握固像形。

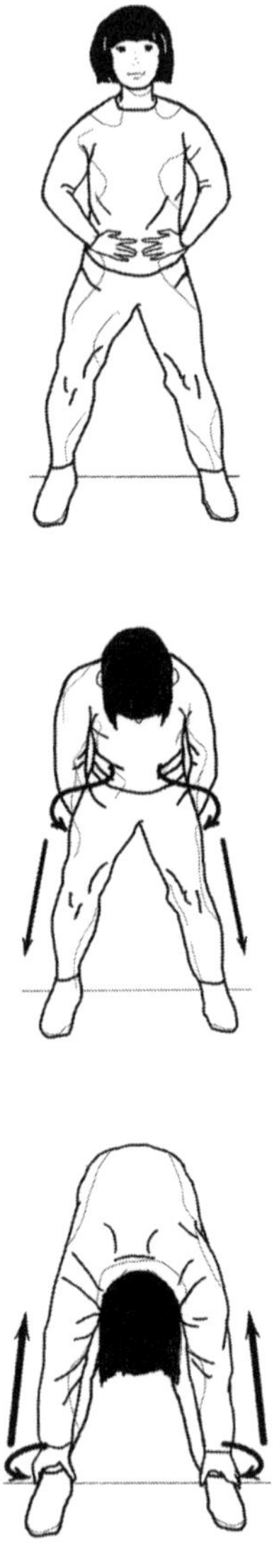

図21　十二段錦。

講座終了時に可能なら写真を撮り、どのような方が受講して、どんな練習をしたか記録を残すようにしてください。

そして重要な点は、職員の方や受講者としっかりコミュニケーションを図り、お互いに承認する間柄を築くことです。それから、障害のある方の場合は言葉で伝えるより、動かすべき箇所や意識すべき箇所に実際に触れて、動作を修正していく方が好ましいでしょう。聴覚や視覚よりも触覚（皮膚感覚）の方が、より多くより正確に情報が伝わるからです。障害のある方の中には左右の感覚がつかみにくい人もおられます。例えば「右手を上げてください」と言っても左右がわからずに混乱するときなどがあります。このようなときは、直接触れる方が情報の伝達が正確で早いということです。休憩のタイミングは一般講座に比べて少し早めに考えるようにしながら、全体をよく観察して臨機応変に取ります。夏場や暑い日の水分補給には特に注意してください。水分はカフェイン入りのお茶だと利尿作用がありますので、麦茶かスポーツドリンクが良いでしょう。ただ、障害のある方は個々の状態や好みに合わせて水分補給してもらっても構いません。

最後に、障害者支援の講座があれば、一般クラスからアシスタントを募集して、障害のある方と接する環境や体制を整えておきましょう。特に障害者支援に参加した子供には、社会から必要とされているという感覚を経験させることが、かけがえのない機会になります。そうして障害者を知ることによって、差別的な考えを排除でき、自立や自覚が芽生えるはずです。それと同時に、障害者支援を継続させるため、指導者の育成も必要です。ごく一部の指導者の中には、障害のある人は練習で怪我の恐れがある。などともっともらしいことを述べて門前払いにする人がおられますが、それは武術の本質から離れている行いです。全ての武術指導者は、どのような人でも受け入れる準備と体制を整えなければなりません。武術とは「身体障害でも、精神疾患でも、言葉が通じなくても、学ぶことができる」この文言を今一度、吟味し、武術の社会的意義を確認しなければなりません。

（注1）十二段錦とは、立位で行う呼吸法（気功法）、さらに筋肉、筋（腱）、内蔵の鍛錬法で、四段は身体を整え、八段は功夫になる。

（注2）苟握固像形とは、握り拳で親指を手の中に入れる、赤ちゃんの握りともいう。

五　若年認知症（認知症）の方への指導

若年認知症（以下、認知症）の方たちへ指導する際の要点を述べてまいります。講座内容を施設職員やご家族と十分話し合います。そのときにミーティングがあれば事前に参加して、参加者とそのご家族の問題点なども理解しておきます。この講座が認知症の方の自信回復、社会復帰、自立支援、リラクゼーションなど、どこを目指していきたいかといった意図や願いを汲み取ります。そこから、短期、中期、長期の目標設定をしておくようにします。認知症の初期や中期は、身体機能も維持できている方が多いので、指導の内容にあまり制限はありませんが、認知症のタイプやそれに伴う身体の症状によっては、障害者の方同様に転倒しやすい人もいますので注意が必要になります。姿勢保持が難しく体を傾けた場合に支えきれず、そのまま倒れ込んでしまったり、思わぬところでバランスが崩れたりしますので、立位を取っている方にも十分に注意をして指導することが必要です。全般的な内容は、少し負荷をかけて血流や気の循環トレーニングを行い、内臓ストレッチなどで身体の活性化と自律神経の安定を目指すよう心がけます。

教える場所は利便性を考えると屋内の方が望ましいですが、屋外での講座の方が認知症の人にとっては効果的です。ただし条件があります。

①ある程度、講座に慣れてお互いを見知っており、承認の関係を築けている。
②春や秋の気候の良い時期である。
③環境が整った公園とご家族、付き添いの方の協力がある。

環境を変えて刺激を与えるのは、認知症の方たちには必要です。同様に現代では日光浴の効用（注1）が見直されており、認知機能低下や認知症、アルツハイマーはビタミンDの欠乏と関連していることが報告されています（注2、3）。

それらを踏まえて、屋外の場合は気温、天候、太陽の位置、騒音などに配慮し、熱中症対策にも注意します。屋外の場合は他人の目や車などの不特定なもので受講者の集中が妨げられる場合がありますので、集中が切れないように配慮します。ウォーミングアップで受講者および付き添いの家族と散歩するなどの工夫をすれば講座に入りやすいでしょう。屋外の練習時間は屋内より少し短めにしておきます。

室内では温度や人の出入り、窓の位置や太陽光などを確認します。会場が狭い場合は受講者および付き添いの家族同士が接触しないように注意を払っておきます（認知症の方で感情的になりやすい方もいる）。会場が広ければマイクを使いますが、その場合はピンマイクなどを使用して、いつでも両手を動かせるようにしておきます。またネームプレートがあれば付けてもらって、親しみを込めて呼び合うようにしてください。

時間帯は、それほど気にしなくて良いと思います。認知症の武術講座の場合は前後にリラクゼーションや料理などの共同作業が入ったりもします。ただ、武術講座の前後に何をされたか把握しておく必要がありま す。もし講座が食後ならば内臓ストレッチを最初にして消化を促します。受講時間は四十分から最大で一時間半ぐらいでメニューを組み、開始二、三十分前後で休憩を取り、水分補給は状況に応じて行ってください。途中で座る運動が入るなら、マットを用意しておきます。講座では家族や付き添いの方がいる場合が多いので、家族も一緒に楽しくできるようにします。

アシスタントを連れて行く場合は、練習内容を事前に知らせたうえで、障害のある方のときより、それほど手助けしないように指示しておきます。認知症の方を対象とする場合は、自信回復を最大目標に構成する場合がほとんどだからです。

最後に、重要な点は、必ず「笑い」を入れる工夫をして講座を進行するようにすることです。以前にこんなことがありました。ある施設で認知症の方の講座をしたあとのことです。所長さんが「後ろの方で奥様と一緒にやっていた男性が、声をあげて笑っておられました。その人とはもう十年近くのお付き合いですが、笑い声を聞いたのは初めてでした」とおっしゃったのです。その講座の前にご家族、付き添いの方たちのミーティングに参加して、問題点や認知症の方の性格や過去の思い出など伺いました。認知症のご家族も同様に大変な思いで生活されておられるという現実を実感しました。それまでは認知症の方の自信回復や体力の維持を本願に武術講座を開催していましたが、現在は本人はもちろん家族の方も笑って楽しく過ごせて、元気になる講座を目指そうという思いがより強くなりました。認知症の方と向かい合うとき、同時に、その家族や生活背景とも向きあっていると意識する必要があります。

（注1）「太陽の光を浴びて癌治療する日が来る？　最新研究が明かす免疫の謎」（Newsweek日本版、二〇一九年一月十一日）

（注2）その研究ではビタミンDの血中濃度が高い方が認知機能テストの点数が高く、アルツハイマー病では、そうでない人と比べてビタミンDの濃度が低かった。
Balion C, Griffith LE, Strifler L, et al. Vitamin D, cognition, and dementia: a systematic review and meta-analysis. Neurology. 2012;79（13）:1397–1405.

（注3）ビタミンDの最近の研究内容…インフルエンザを予防（東京慈恵会医科大学）、筋肉の強度を高めて転倒を予防（ハーバード大学公衆衛生大学院）、不足によりがんのリスクが増加（国立がん研究センターほか）、不足により心疾患のリスクが増加（カンザス大学医療センターほか）、体内の脂質量を抑制（京都大学）、不足により認知症を発症する可能性を指摘（ラトガース大学）、ビタミンDとカルシウム不足で糖尿病のリスクが増加（厚生労働省研究班）、不足により高血圧、結核、癌、歯周病、多発性硬化症、冬季うつ病、抹消動脈疾患、自己免疫疾患などの疾病への罹患率が上昇する可能性を指摘（Holick, M. F., Vitamin D deficiency, N. Engl. J. Med, 357, 266-281, 2007.）。

第一練功、若年認知症「基礎気功」

最初に呼吸法で身体を整えます。まずは深呼吸をして両腕を下から上に向けます（図22）。上げるときは息の吸いと結合させ、肩の力を抜いて呼吸だけに集中させます。鼻から息を吐くように言います。外面（手の動作）と内面（内臓）が結合すると呼吸が深くなります。この基礎気功を数回行いますと、浅い呼吸（胸式）から腹式呼吸に誘導できますので心身がリラックスできる状態になります。これらの説明を極力わかりやすく伝えて、精神を落ち着かせるようにします。もし必要でしたらガムを噛みながら行うことを勧めてください。ガムを噛めば集中が安定してリラックスしやすいです。顎の筋肉は背筋につながっていますので、背筋をほぐす効果もあります。このとき、指導者は受講者の呼吸を観察して腹式呼吸になっているか確認します。腹式呼吸になれば、呼吸が深くなり内臓が循環され精神が安定して落ち着いてきます。このとき受講者に声をかけて対話を重ねながら、互いを承認するようにします。受講者と目が合えば笑顔で動作の要点などを説明したり、褒めたり、対話したりして、喜びや楽しみの感情が現れるように向かわせます。そして適度に笑いを入れるように心がけます。まずは全体をつぶさに観察し、褒めるきっかけを探すようにしてください。中には些細なことができなくて憤慨される方や講座をぼんやり眺めている方もいます。そのようなときは、呼吸動作や他の動作を至って単純にするようにして、付き添いの方や家族の方に協力してもらって、笑顔で対応してください。深い呼吸を続けて顔色が少し火照れば良い状態です。

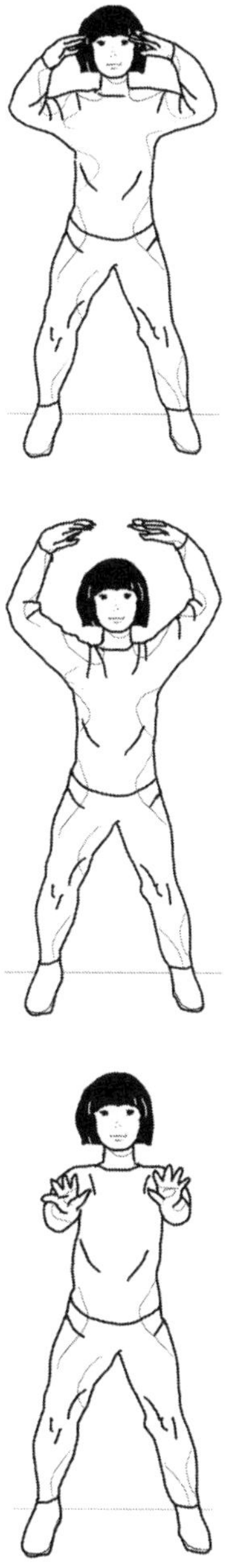
図22　基礎気功。

第二練功、若年認知症「主要八関節の練功」

通常の主要八関節の練功よりもシンプルに、かつ明確に指示を出してわかりやすく伝えるように心がけます。アシスタントには全体を見回るように指示しておいて、本人やご家族、付き添いの方が補助するのを少し手助けさせるだけにしておきます。

首…呼吸を意識させて必ず鼻から息を吐くように指示をしておきましょう。首は前後左右にゆっくり動かし、頭が首から落ちるイメージで大きく回します。この時に手を組むか（図23）、身体の一部を手で押さえて行います。最後に道功（擦面　サツメン）を行い「めまい」や「ふらつき」などを抑えてください（図24）。主要関節の練功で関節が痛ければ、必ず動作をスローダウンするように指示しておきます。

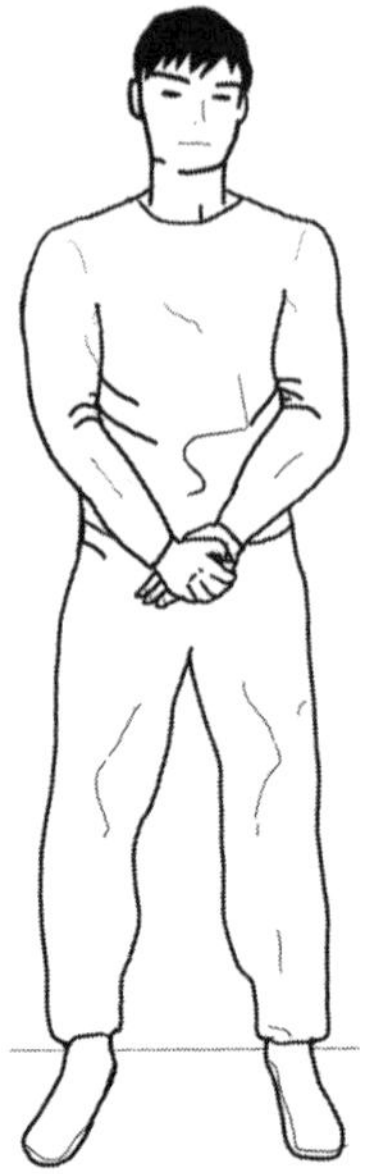

図23　手を持つ。

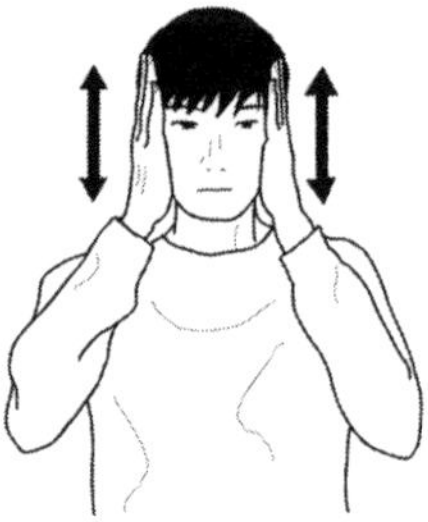

図24　顔を擦る。

肩…上下に肩を動かすようにします（図25）。最初は小さく、それからだんだん大きく肩を回します。最後は耳たぶに当たるぐらい肩を上げてください。肩を落とすときは力を抜いてストンと落とす感じです。そのあと、両手を前方、後方に旋回させます（図26）。次に、道功（甩手　スワイショウ）で足を少し広げて腕を前後に振ってください（図27）。今度は身体を当てるように腕の力を抜いて左右に振り、こちらも数回行います（図28）。このときに手をしっかり身体に当ててください。

図25　肩を上げ下げ。

図26　両腕を旋回。

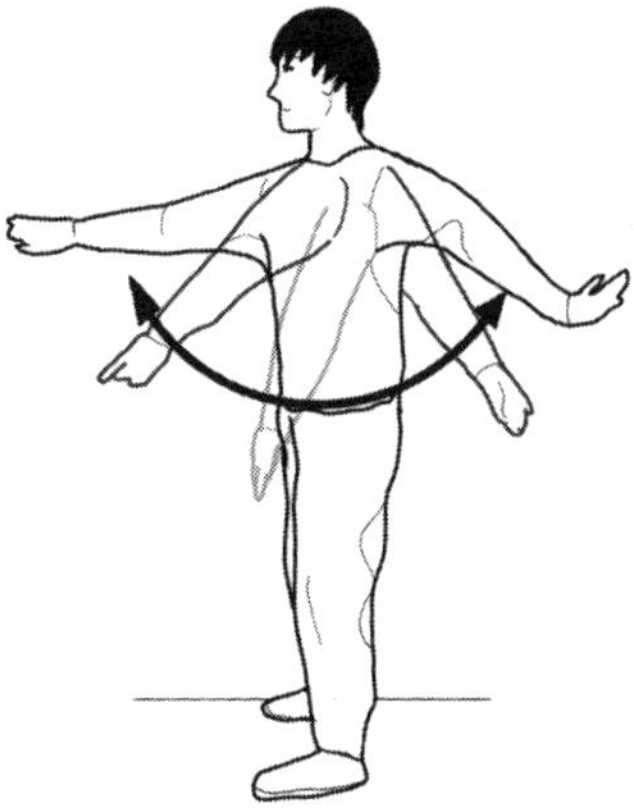
図27　手を前後に振る。

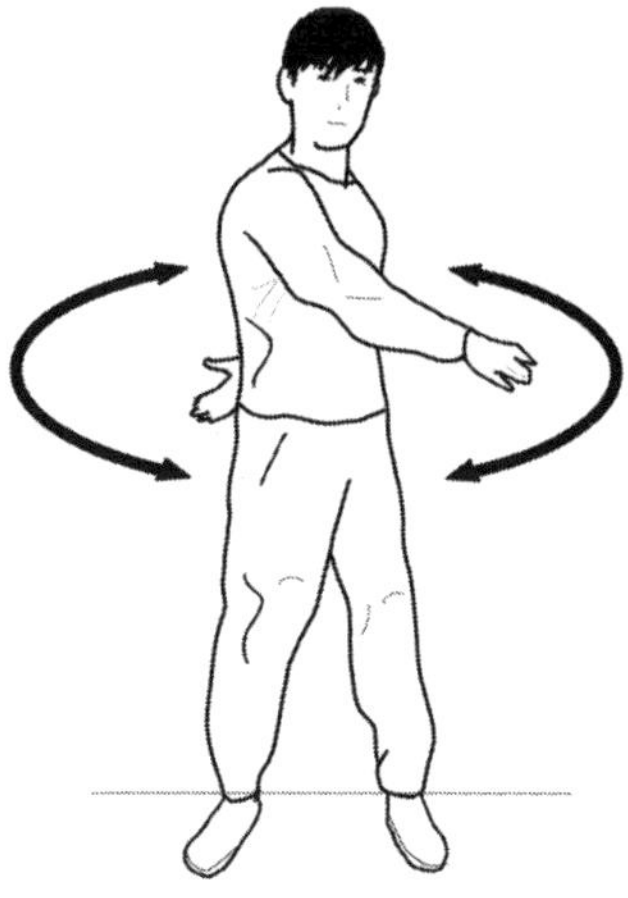
図28　手を左右に振る。

肘…道功（擦面　サツメン）の要領で左右の肘をゆっくり揉んでください（図29）。そのあと肘を内回し、外回し、双方に回して、最後に手に付いた水を払う動作をして身体をリラックスさせてください（図30）。

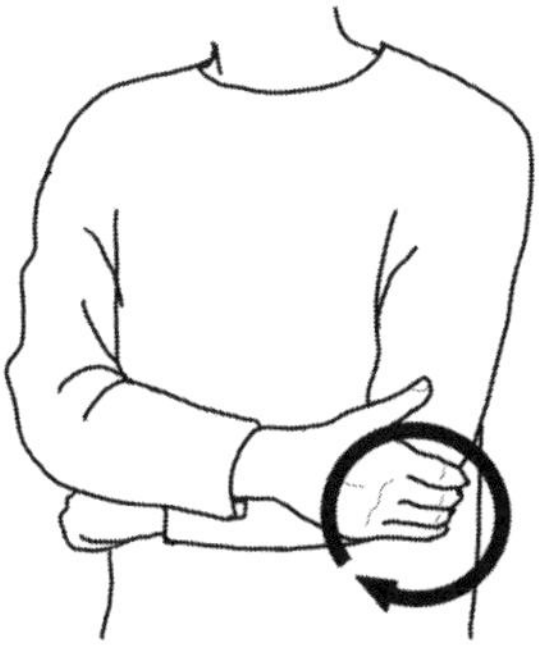
図29　揉む。

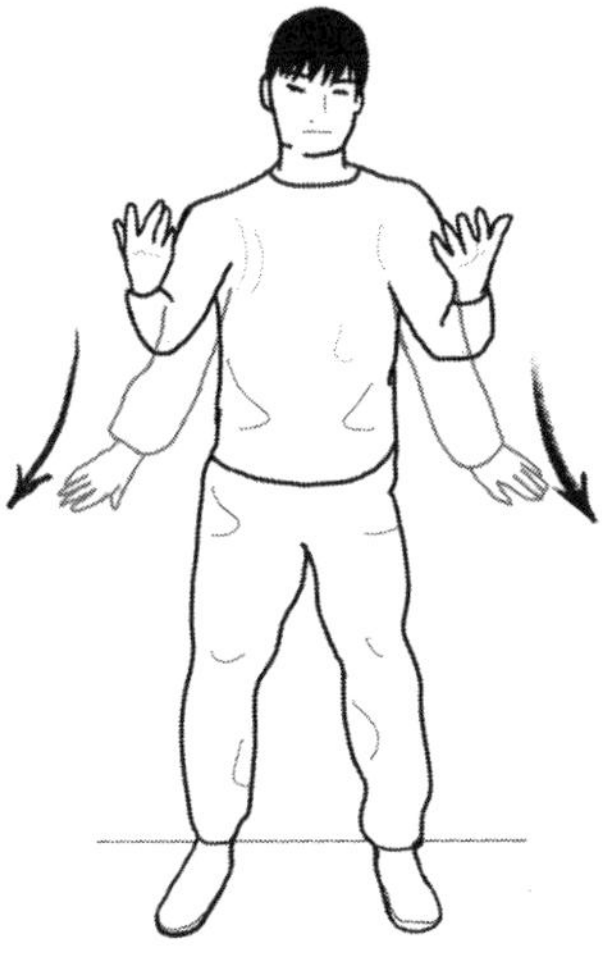
図30　水を払う。

手首…手首を組んでゆっくりほぐします（図31）。そのあと組みにくい方に組んで同様にほぐします。組みにくい方と組みやすい方があるのを認識させます。同様に腕を組む（図32）、足を組む（図33）などを行います。無意識に身体には楽な動作や姿勢の習慣が身に付いています。特に認知症の方には、この無意識と意識の説明をしっかりするようにします。

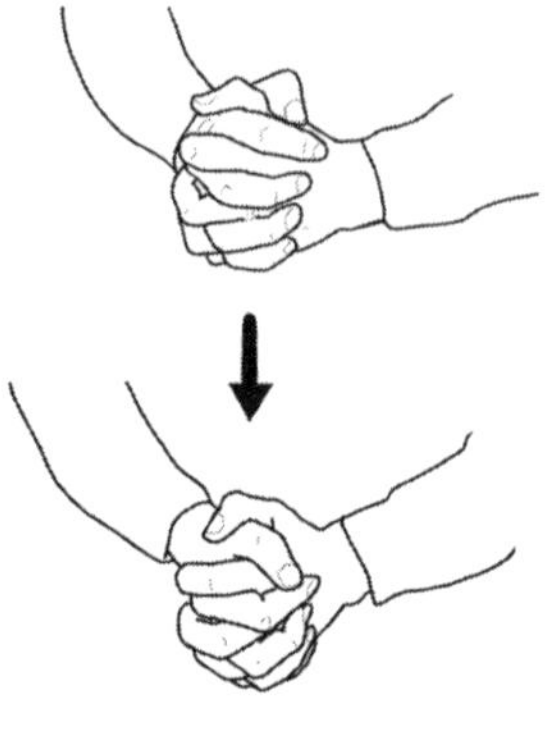

図31　手を組む。

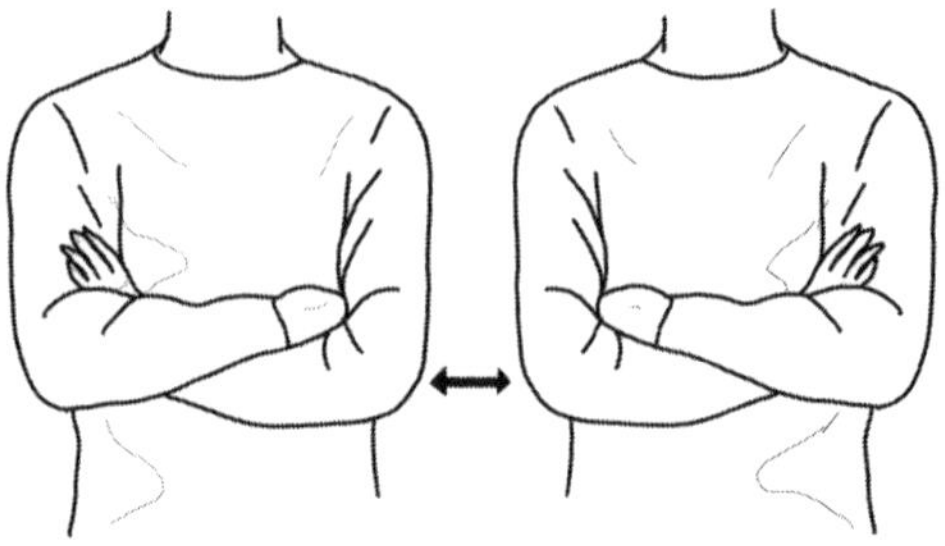

図32　腕を組む。

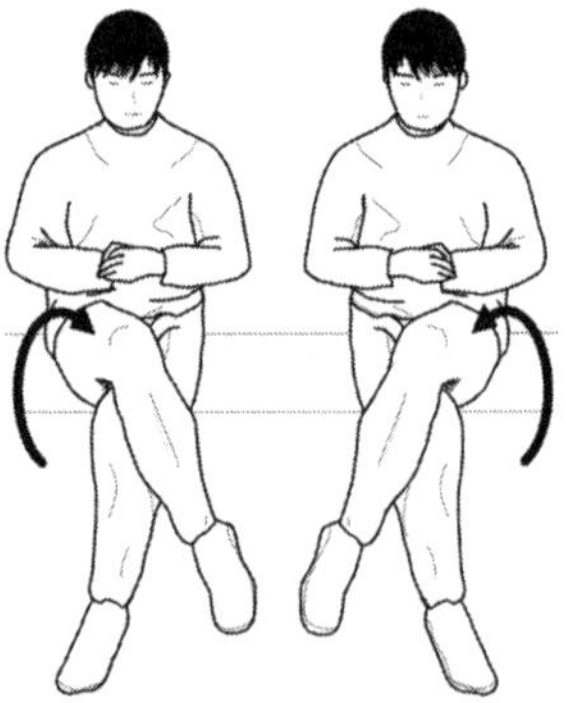

図33　足を組む。

ここまでが上半身で、引き続き下半身をほぐしていきます。

腰…腰は上半身と下半身の連結部分になりますので時間をかけて運動を行ってください。足を開いて腰に手を置き、徐々に大きく腰を回します。お腹を前に突き出す感じです。次にゆっくり前屈をします（図34）。床に触れるように（左、中、右）促します。床に手が触れる人をみんなで褒めて自尊心を高めるなど工夫をこらすと良いでしょう。

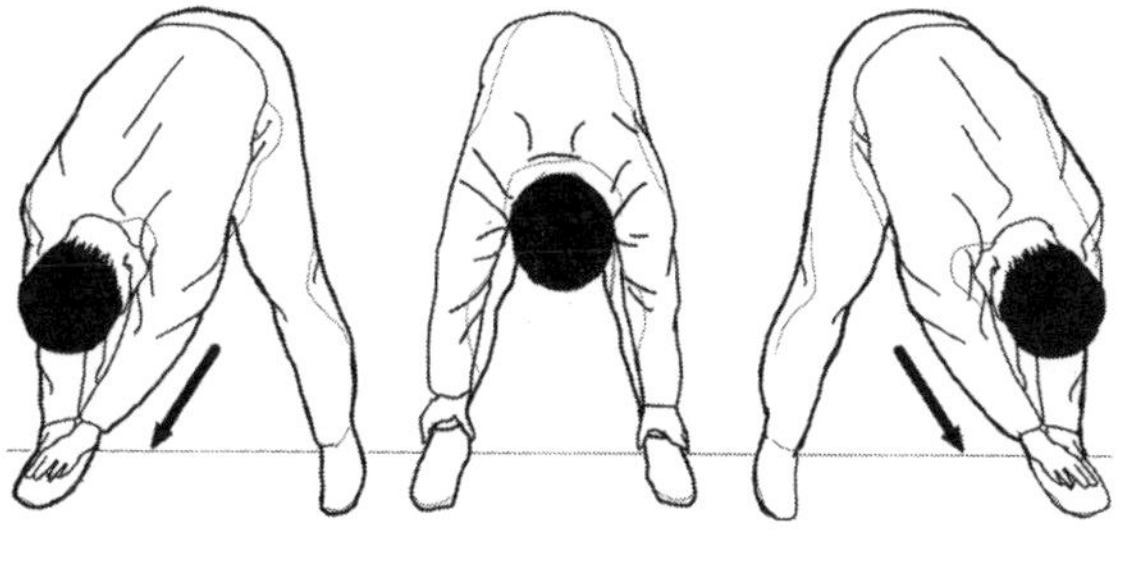

図34　前屈、左、中、右。

股関節…股関節は、相撲の四股立ち（腰割り）の形になって腰を落とします（図35）。手を膝の上に置いてお尻を沈めて、一番下がった所で左右に肩を入れて後ろを見るぐらいに背中をねじります。しっかり沈めて数回捻ってください。

図35　四股立ち（腰割り）、左右。

膝…掌を温めてから膝の外側、そして内側を擦ってマッサージを行います。次に指先で膝頭を、円を描くように丸くマッサージしてから（図36）、膝を揃えて左右に回します。今度は膝を開いて元気良く身体を上げ下げします（図37）。

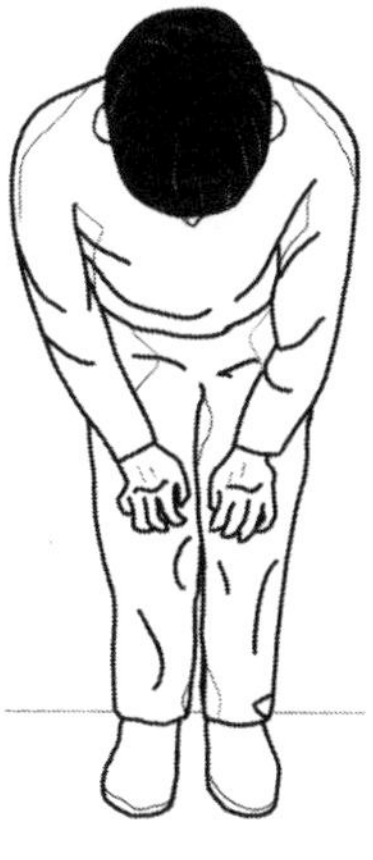

図36　指先膝頭マッサージ。

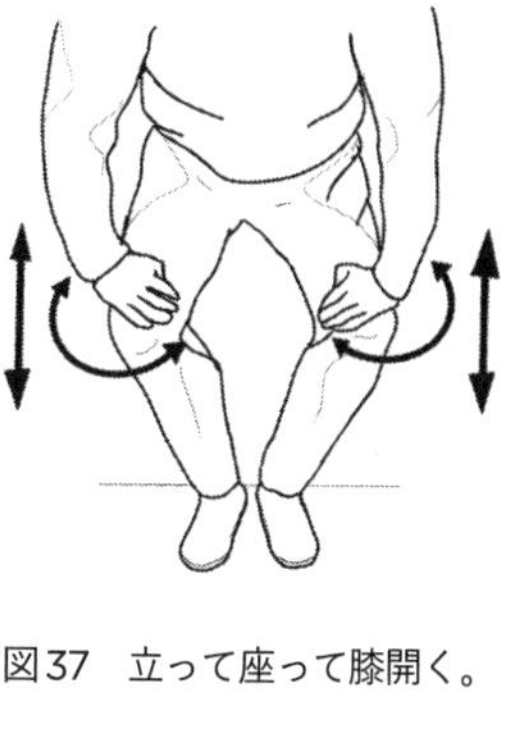

図37　立って座って膝開く。

足首…片方の爪先を床につけてバランスを取ったまま、円を描くように足首を回してください（図38）。次に半歩、前足を出して膝を少し曲げます。その姿勢で腰を徐々に沈めていき、アキレス腱を伸ばします（図39）。このとき、足の裏は床についたままです。そして半歩、足を出して足の甲の外側を床に当てて体重を軽く乗せます（図40）。

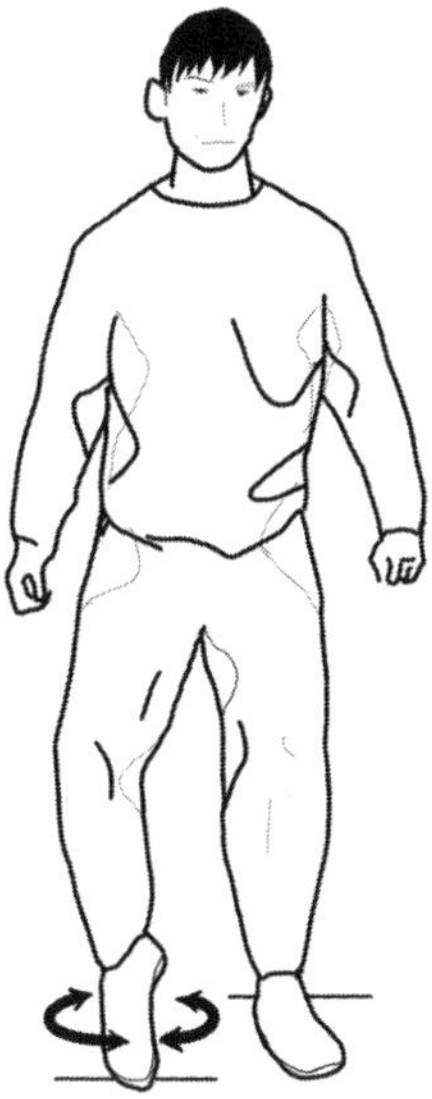

図38　片足バランス。

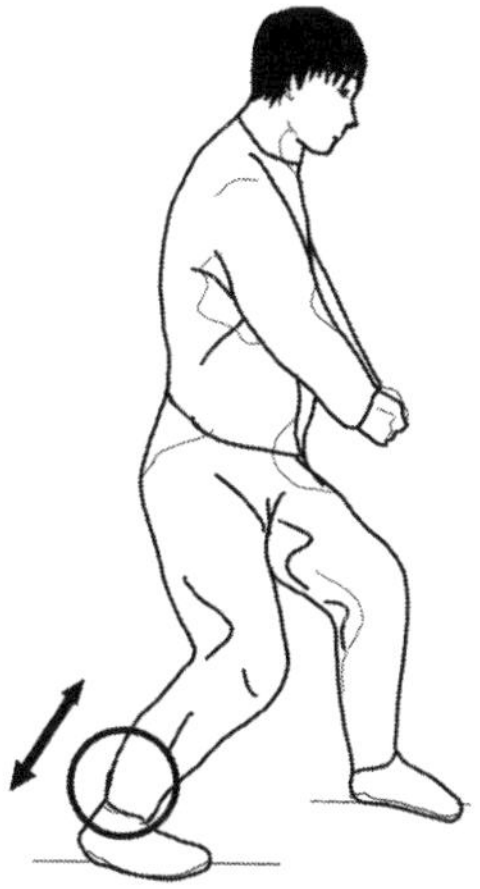

図39　アキレス腱。

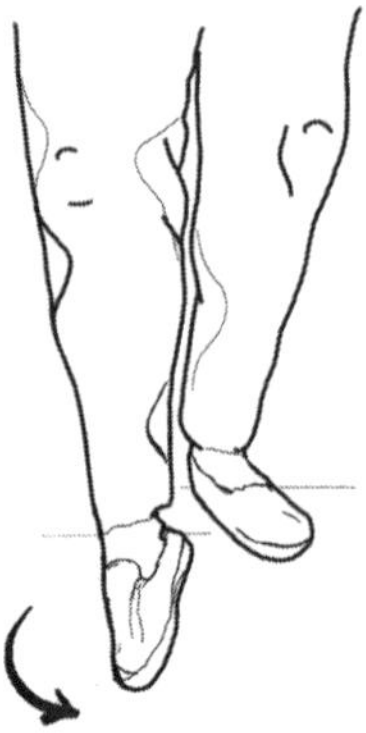

図40　片足側面。

足首（坐式柔功）…片方の足を伸ばして座り、足首を太腿の上に置いて内回り、外回りに回します（図41）。今度は足首を股関節に近づけ、膝を軽く下に押してください（図42）。次に膝を抱えて背筋を伸ばし、ゆっくり鼻から息を吐きます（図43）。最後に、股関節を開いて蝶のように膝をパタパタと数回上げ下げします（図44）。

図41　足首。

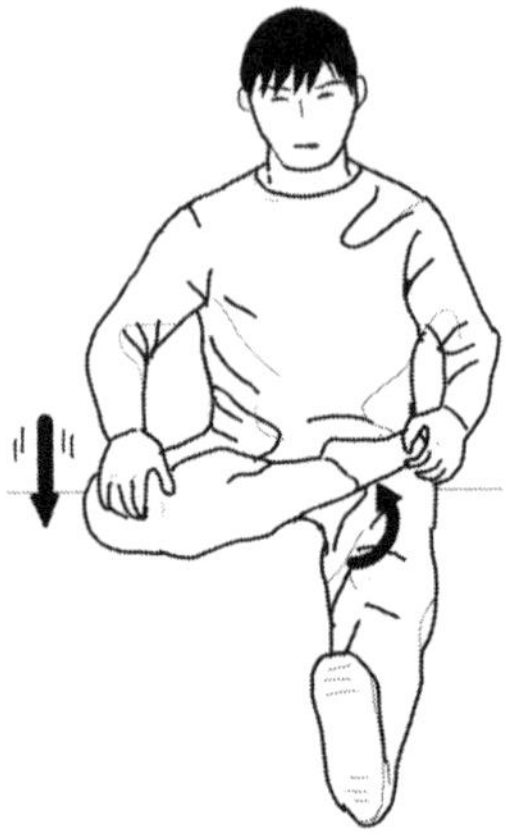

図42　膝を下げる。

図43　膝を立てる。

図44　蝶々。

主要八関節のストレッチに時間をどれだけかけるかは、臨機応変に対応してください。

第三練功、若年認知症

「内臓へのアプローチ（丹田マッサージと内臓ストレッチ）」

丹田マッサージ

食後の場合は丹田マッサージから講座を始めます。最初に掌を温めてから（図45）、おへその少し上からマッサージを行い、徐々に下げて、最後はおへその下を円を描くように両手を合わせてさすります（図46）。このとき、呼吸（武息法）と合わせるようにします。首から足首までの主要八関節の練功が身体の外周の血流や気の流れを促進するのですが、そのあとに丹田マッサージを施すことで内臓循環が向上して精神が安定します。認知症の方は表情が乏しくなりがちです。お腹をしっかり温めることによって幸福感に包まれ、付き添いの家族の方も幸せを感じるような練功を目指します。

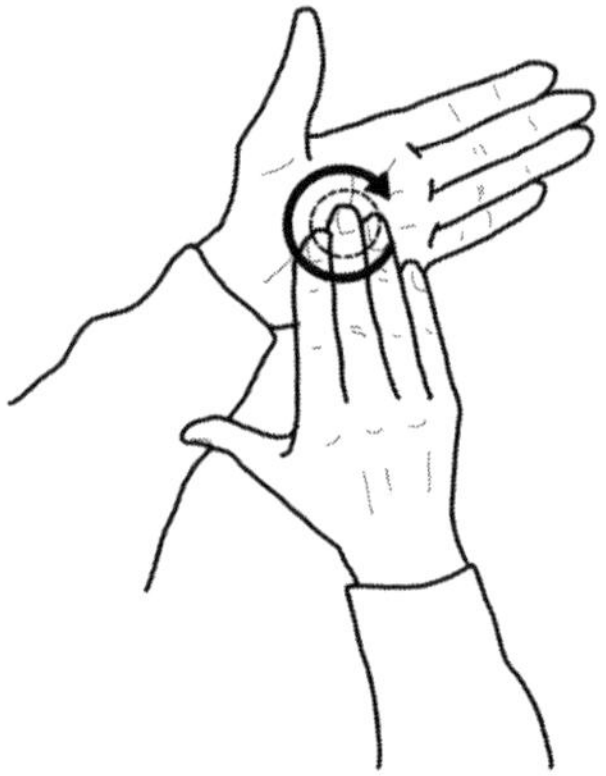
図45　掌を温める。

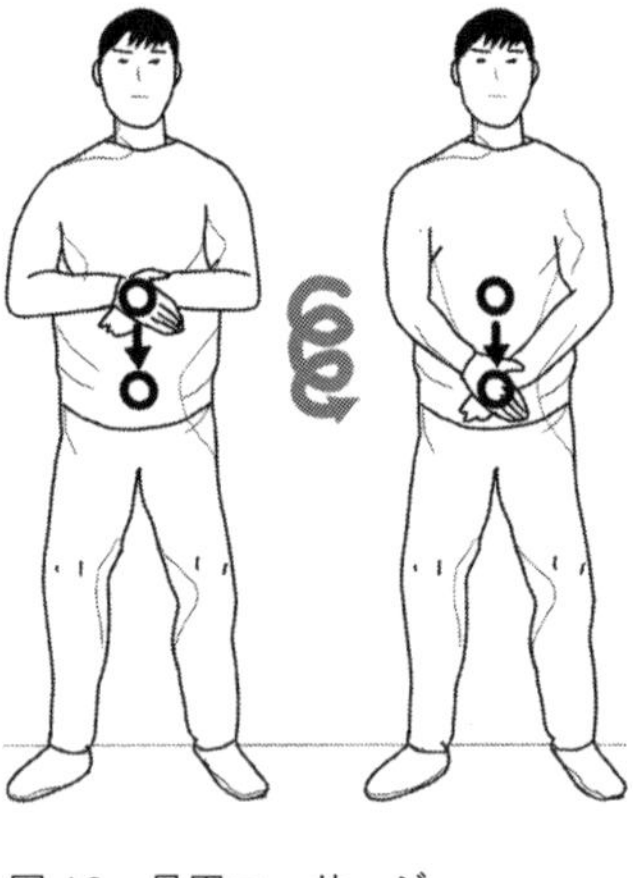
図46　丹田マッサージ。

内臓ストレッチ

丹田マッサージでは、手で丹田をマッサージしましたが、今度は手ではなく全身で丹田を動かします。

①最初は横運動です。肩幅ほどに足を開いて左足（右足）を軽く一歩踏み出し、膝を少し落として姿勢（「**姿勢は呼吸のために**」（P31）を参照してください）を保ったまま肩を水平に振ります。肩が自分の目

の前に来るまでしっかり振るようにします。運動中は顔と腰の高さは変えず、かかとを浮かせません（図47）。

②今度はこの横の運動に縦の動作を加えます。耳に触れるほどまで片方の肩を上げ、もう一方の肩は下げるようにします。手で自転車のペダルを漕ぐイメージで肩を回し、肩甲骨を無限の文字を書くように回してください。足の裏は浮かせず、地面に張り付いたままにします（図48）。

内臓ストレッチは、体幹の運動により全身にねじりが加えられるので、内臓がより活発になります。このトレーニングの優れている点は、内臓を活性化させるだけでなく、肺の伸縮が自然に行われ無意識に腹式呼吸に導くことができる点です。運動量は多めになりますが、血流が強くなり、頭から指先まで、全身にしっかり血液や気が循環していきます。結果、自律神経が整うことになります。認知症の方にとって自律神経の安定は必要不可欠であり、この練功によって免疫力を向上させることもできます。特に腰痛、坐骨神経痛、骨盤

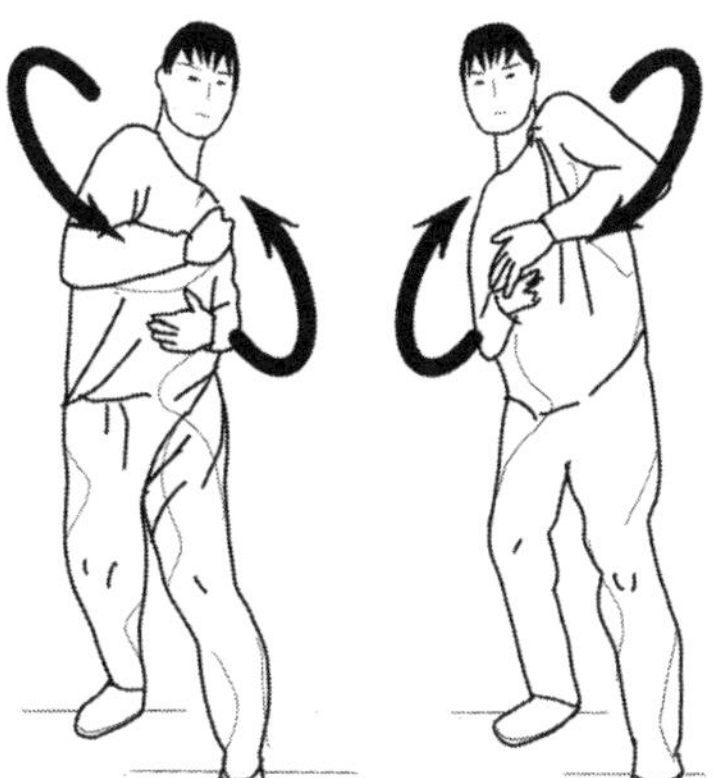
図48　身体の横と縦運動。

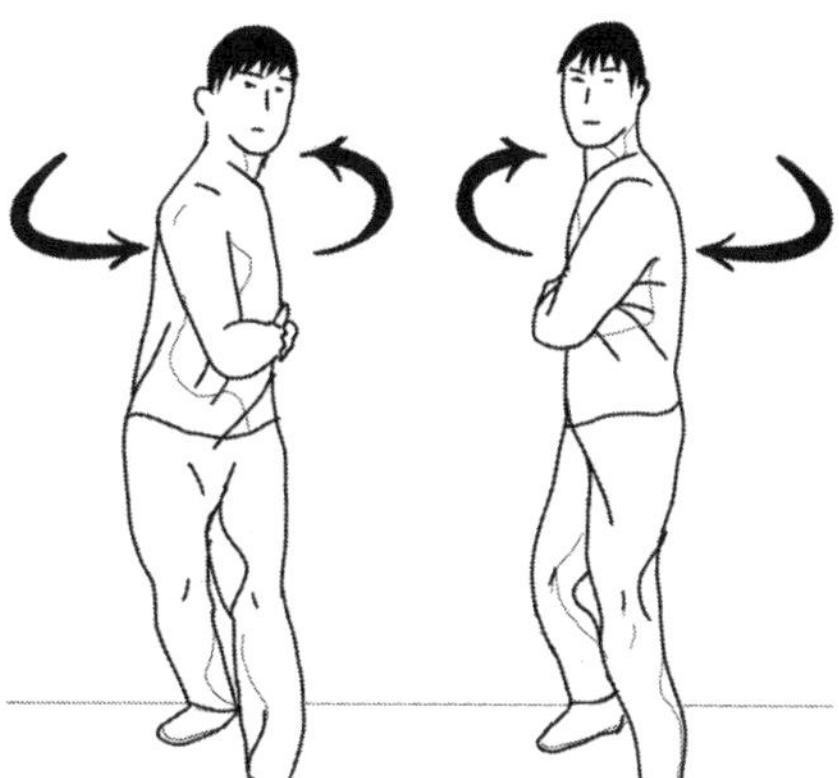
図47　身体の横運動。

の歪み、生理痛、便秘、冷え性の改善にも効果的です。ここでもう一度皆さんの顔色などを観察してください。認知症の講座は、少々運動量を多めに設定しています。心身の活性化、家族一緒に行うことによる一体感と達成感を重視していますが、無理な運動は、百害はあっても一利もありませんので、しっかり状況判断をしてください。

第四練功、若年認知症「動功的気功」

最後は動功的気功をいたします。運動量が多いと判断した場合は最後のクールダウンだけ採用してください。ここでは、易筋経（図49）や十二段錦（図50）の中のいくつかの動作を採用します。

最初は易筋経で、肩から腰の筋を一度ほぐす練功です。まずは呼吸を整え左右の手を捻りながら頭上に上げます。

呼吸と合わせながら行いますので上半身の腰や背中などが伸びて心地良いでしょう。

次に十二段錦の一つ、騎馬立ちで左右交互に拳を打つ動作をします。やり方は、身体を深く沈めて太腿に負荷をかけた姿勢を取ります。腹式呼吸を正しく行って血流の流れを促進させながら拳を打ちます。しっかり腰を落とすように指示しながらも、きつい練功を楽しく、朗らかに行うようにします。

その次にカンフー体操（図51）（注1）に挑戦します。あまり解説を入れずに、模範の動きを見ただけで一連の動作をどれだけ真似られるか、みんな一緒になってゲーム感覚で行います。このように、動作を見て練習することを黙念師容（注2）と武術的にはいいます。

終わりにはクールダウンで十二段錦を行います。両手をおへそに置いてから手を後ろに回し、腰、太腿、ふくらはぎと手を徐々に下げて、最後に足首で手を身体の前方に回して、今度はスネ、足、お腹と上がっていきます（図52）。呼吸を合わせながら数回繰り返してください。最後に時間があれば、基礎気功をして心身を落ち着かせても良いでしょう。

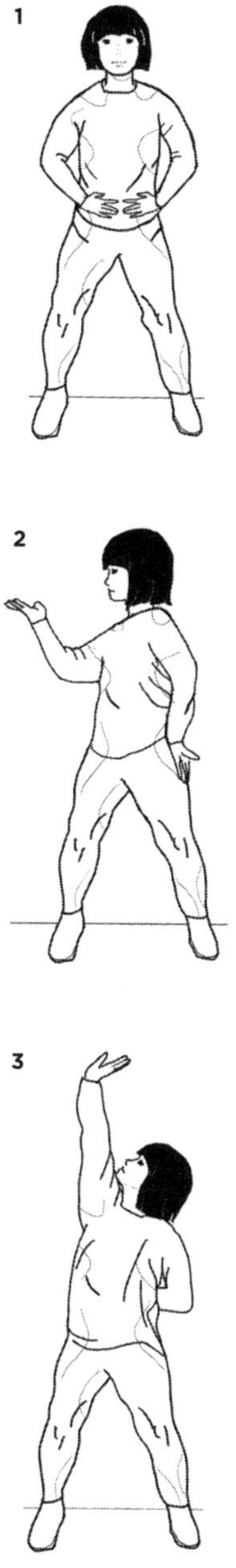

図49　易筋経。

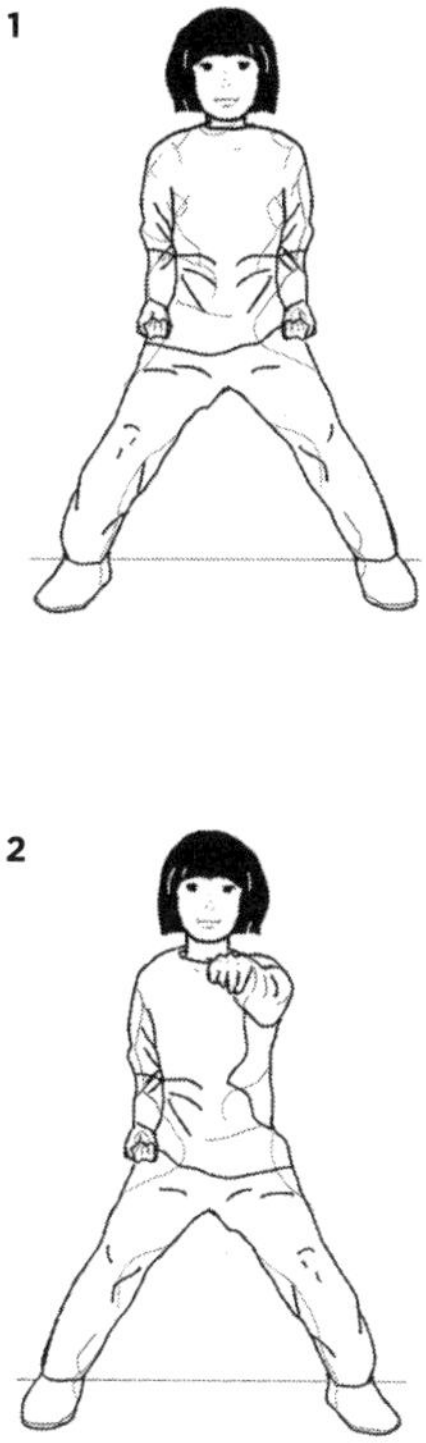

図50　十二段錦
（1、2を繰り返し）。

1

2

3

4

5

6

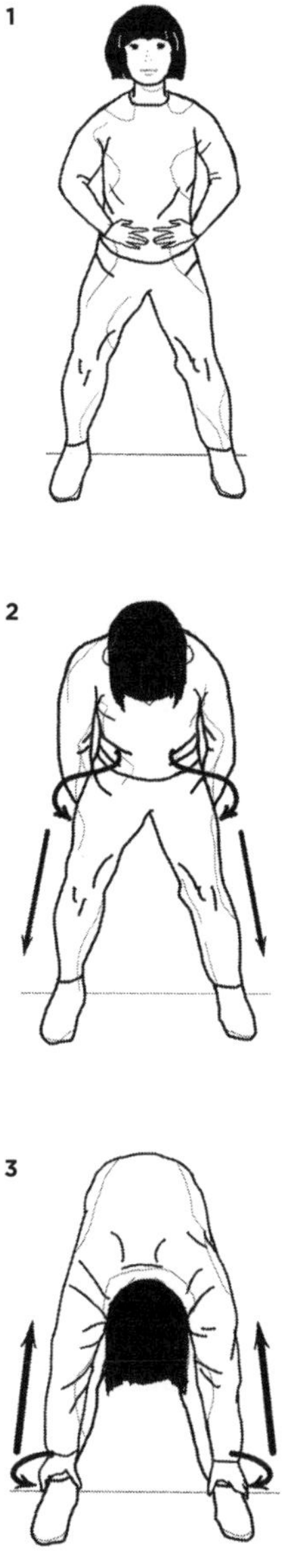

図52　十二段錦。

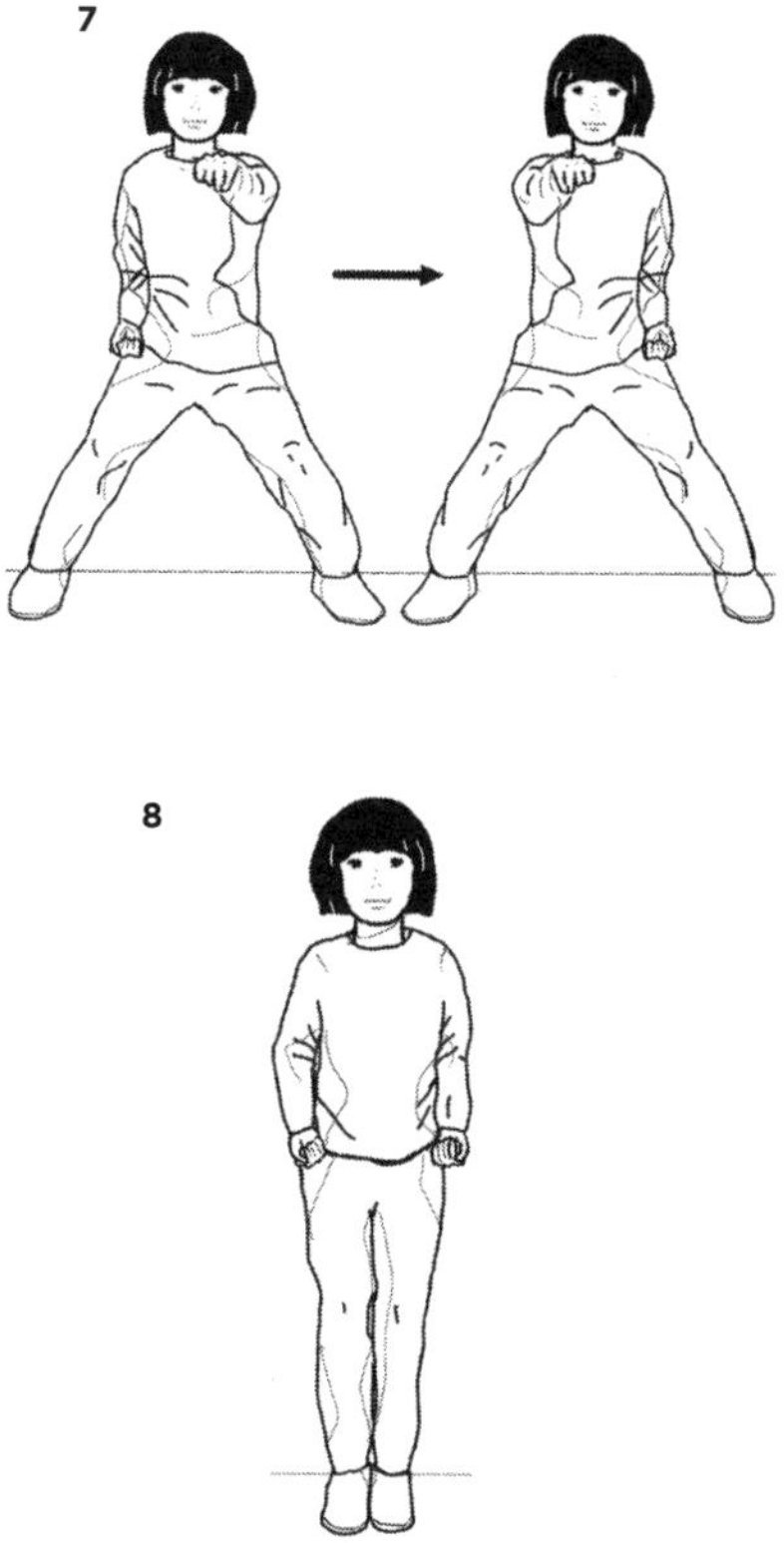

図51　カンフー体操。イラスト7枚目はパンチを2回打つ（全8動作の左右2回）。

可能であれば写真を撮り、誰が受講して、どのような練習をしたかなどの記録を残すようにします。

認知症の方たちはもとより、家族や付き添いの方も一緒に楽しく朗らかに行うことが肝要です。まずは精神を落ち着かせるように導くと、クラスが引き締まり、良い状態で講座が続けられます。ここではトレーニングを若干多めに示していますが、それは、呼吸法との組み合わせで血流と気を全身に強く循環させて、身体活動性の向上と認知能力の改善を目指すためですが、あくまで症状の進行スピードを遅らせるものであると考えてください。講座内容の要点は、ご家族と一緒に練功をすることによって、お互いの絆を深め、達成感を味わい、喜びを家族と共有することだと思っています。認知症の方には、今まで自然にできていた行動ができなくなり、自信を喪失しておられる方がたくさんいます。できれば単純な練功を多くこなして、自信を回復させるようにしてください。講座の頻度が多ければ、承認の関係が深まりやすくなります。より良い関係を構築することが質の高い講座の実現につながっていくのです。

このような武術鍛錬が、現代脳科学（注3）によって効果があると証明されるようになってきました。長い歴史を持つ中国武術の真髄は呼吸法と身体を動かすことにあります。その効用は、単に生涯を通じて健康を維持し、病を避ける予防医学の面だけではありません。鬱病の緩和、注意欠陥障害の治療、依存症からの脱却、ストレス抑制、アルツハイマー症状の緩和などといった寛解医療への効果も立証されているのです。

（注1）カンフー体操とは、三つの立ち方から構成されている武術の型で、最も初歩的なもの。
（注2）黙念師容とは、手本の動きをしっかりと観て、覚えて、そのイメージに極限まで近づけるようにする。
（注3）『脳を鍛えるには運動しかない！』ジョン・J・レイティ with エリック・ヘイガーマン著、二〇〇九年、NHK出版。

六　高齢者の方への指導

高齢者向け武術指導は中国武術の最も得意とする分野でもあります。中国武術でいわれるのは、武術鍛錬をする前の心得として、三十歳を過ぎたら三十分ウォームアップ、四十歳を過ぎたら四十分、そして六十歳を過ぎたら、ずっとウォームアップをしなさいと諭されます。このように鍛錬の内容が年齢によって変わっていきます。それは、中国武術には道教（長寿学）思想がベースに組み込まれており、武術を一生学べるようにできているからです。この辺りは日本武道と少し違うところです。日本武術（武道）は武士道と融合しましたので、人として正しいあり方（自己を律する）を求め、相手を思いやる気持ちや自己鍛錬に終始しました。もちろんこれに良い悪いはありません。そのような性質だということです。それに対して、中国における武術とは、健康で長寿を目指し病気を遠ざけるという意味合いが強いのです。中国の公園で、朝早くから人々が気功や太極拳に精を出しているのは、その考えが根底にあるからです。自然門武術では「ひ孫に武術を教えろ」（健康で長寿を全うする）と常々いわれます。

練習内容をクラブ代表の方と十分に議論し目標を設定しましょう。教える環境は室内が良く、自然系のアンビエント音楽を少し聞こえる程度に流すと良いでしょう。時間はおよそ三十分から最大一時間ぐらいでメニューを組み、二、三十分前後で休憩を取り水分補給を促してください。お茶の場合はカフェインが入ってないものが良いでしょう。夏場は熱中症問題もありますので、こまめな水分補給が必要ですが、真水では身体のミネラルを補えませんので、スポーツドリンクや飲む健康酢などが望ましいでしょう。

体力的な配慮から、座って行うことも視野に入れます。立たずとも活動できる座式気功を組み込めば体力的な問題も解決できるので、三十分以上行う場合は座式気功などを取り入れてください（この場合マットなどあれば良いでしょう）。講座はストレッチと道功を主に行い、病気予防、足腰と骨の強化（p118の①〜③）などをしっかり行いながら、高齢者の場合は転倒防止も課題の一つとなります。転倒して骨折すれば、動きが制限されるばかりでなく精神的にも挫けてしまいます。骨の強化には硬功などを取り入れます。また高齢者講座の場合、アシスタントは必要ありませんが、参加者が五十名を超える場合はアシスタントがいても良いでしょう。

最近、一般企業の社員の方向けに講座をするときもあるのですが、中高年の社員の方よりも体力のある高齢者が増えてきていると実感しています。このように体力があって身体の強い高齢者のために、少し負荷を強めにかける運動や難易度の高い項目もあらかじめ用意しておき、場合によっては対応するようにしておきます。しかし、あくまで高齢者の皆さんが自立した生活を送れる「健康寿命」を少しでも長く保てるように導き、サポートするのが主目的にあることが重要です。これらを考慮して「百歳になっても、かくしゃくとして過ごしましょう」など、わかりやすい目標を立てるのが良いでしょう。

第一練功、高齢者「主要八関節の練功と道功」

首…最初に、息を鼻から吐くように指示をしておきます。前後左右に首を動かし、最後は左右にゆっくり大きく回し、頭が首から落ちるイメージで脱力して行います。首の状態があまり良くない方がおられる場合は両手を前に組んで首のストレッチを行ってください（図53）。手を組んで身体の一部を持ちながら動作を行うと、正中線（人体の中心）が安定するので、そのように伝えます。目が回ってしまう恐れがあるので道功（擦面　サツメン）をします（図54）。

また、首を回すときに音が鳴るのを不安に感じる方もおられますが、痛くなければ問題ないと諭してください。

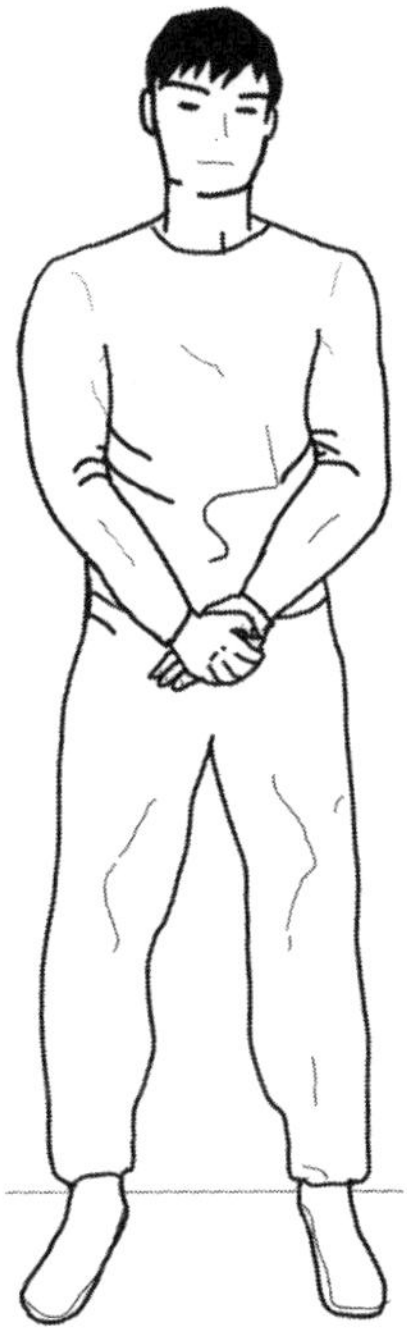

図53　手を持つ。

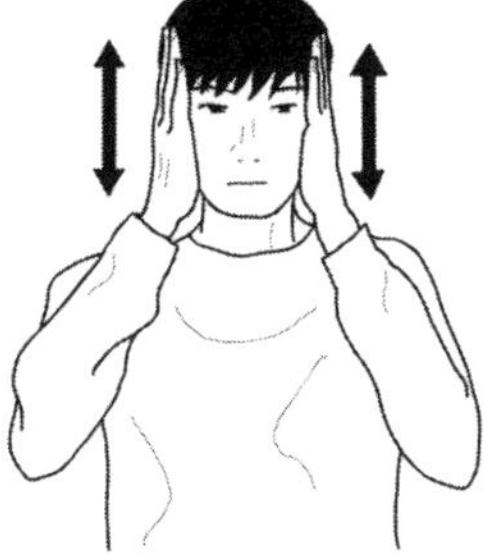

図54　顔を擦る。

肩…上下に肩を回すように動かします。最初は小さく、それからだんだん大きく肩を回します（図55）。肩を落とす時は力を抜いてストンと落とす感じです。そのあと両腕を前方、後方に旋回、最後に両腕を前後逆方向に数回旋回させますが、このときに難しくてできないという方がおられたら動作の補足説明をします（図56）。

図55　肩を上げ下げ。

図56　両腕を旋回。

道功（甩手　スワイショウ）…肩や腕の力を抜いて両手を前後に振ります。そのあと身体を左右に捻って手を身体にしっかり当てます。時間をかけてゆっくり丁寧に行ってください。肩こり解消や四十肩防止などの様々な効果があります（図57、58）。

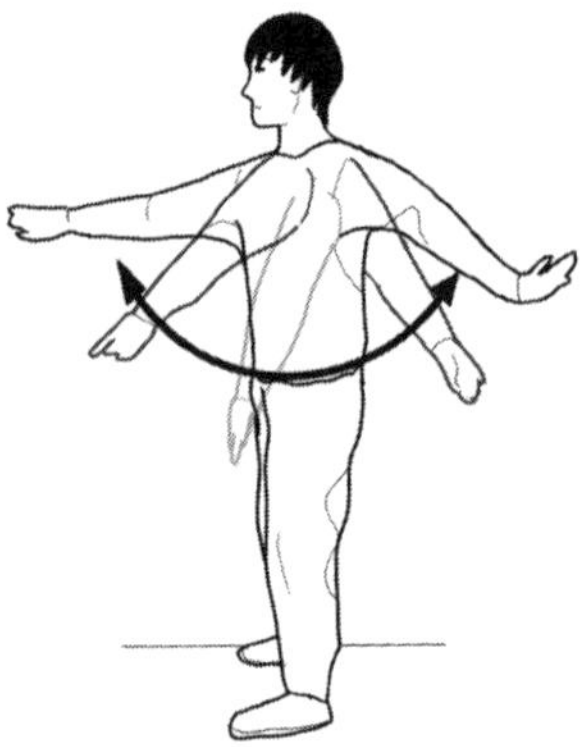

図57　前後。

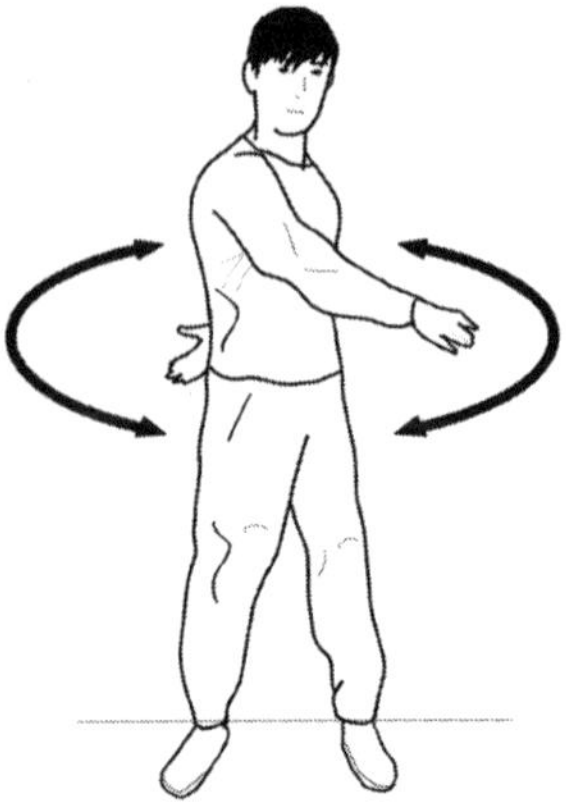

図58　左右に振る。

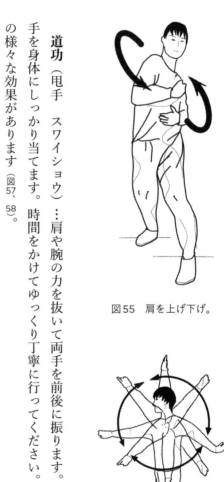

道功（拝打功　ハイタコウ）…道功（甩手　スワイショウ）で手が温まれば、丹田を掌で叩き、太腿から徐々に下がり、スネまでくまなく叩くようにします。そこから今度は、叩きながら徐々に丹田に戻ってきて、胸から肩も叩いていきます。首と頭を叩いたら、最後に顔を軽く叩いてください（図59）。これには、身体の骨を鍛えたり皮膚や筋肉を引き締める効果があります。

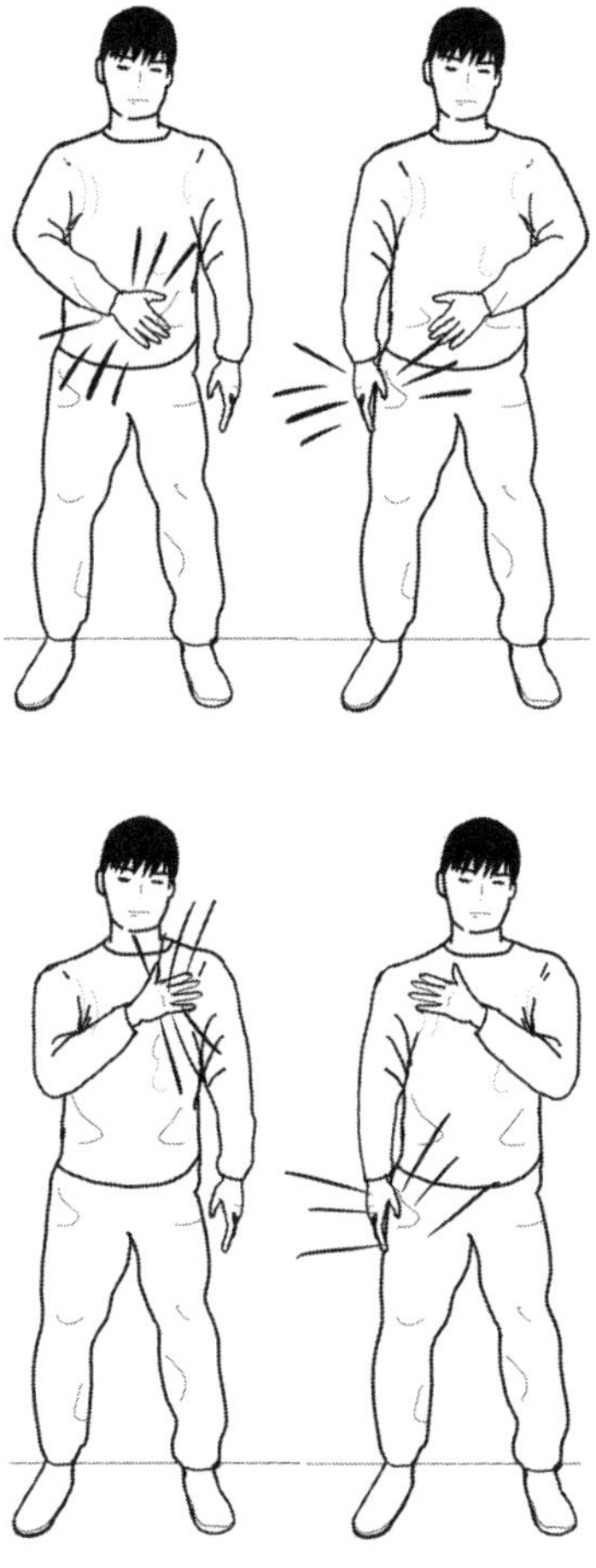

図59　拝打功（全身を叩く）。

道功（除目疾　ジョモクシツ）…肩幅ほどに足を広げて立ち、肩の力を抜いて目を閉じます（図60）。鼻から息を吐いて目玉を右に七周回して、次に左に七周回します。ゆっくり目を開いて両手を前に出してから、鼻から息を二回長く吐いてください。これを三度ほど繰り返します。これは目の病気や視力回復の道功になります。ちなみに内功（注1）を重ねると目が透き通り、外功（注2）では目が鋭くなります。

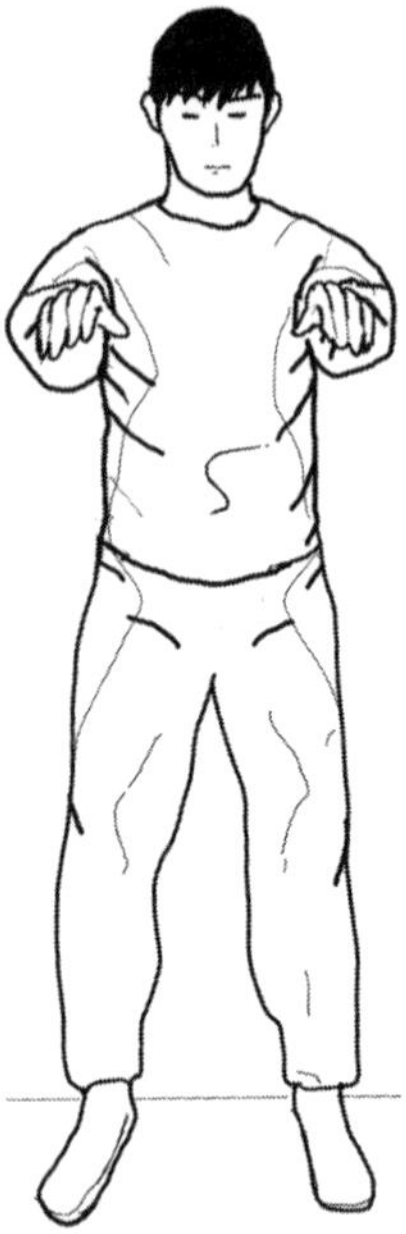

図60　除目疾。

道功（呑電気　トンデンキ）…掌をしっかり擦って、左の掌を口で飲み込むように吸ってください（図61）。これを数度行います。血行が良くなる道功です。

図61　呑電気　トンデンキ。

肘…掌を温め、左右の肘を掌で揉んでください（図62）。次に内回し、外回しを双方数回ずつ行います（図63）。最後に手に付いた水を払う動作をして身体をリラックスさせます（図64）。また、手三里（図65、注3）のような手軽にマッサージできるツボを説明します。

図62　揉む。

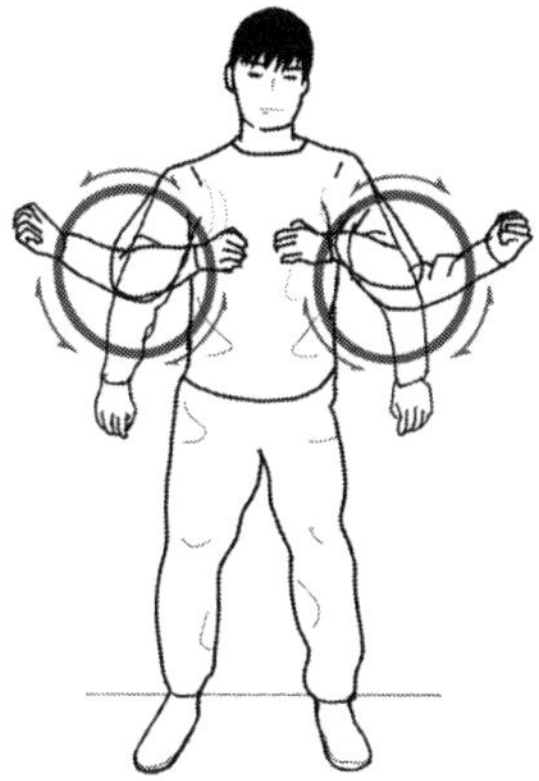
図63　回す。

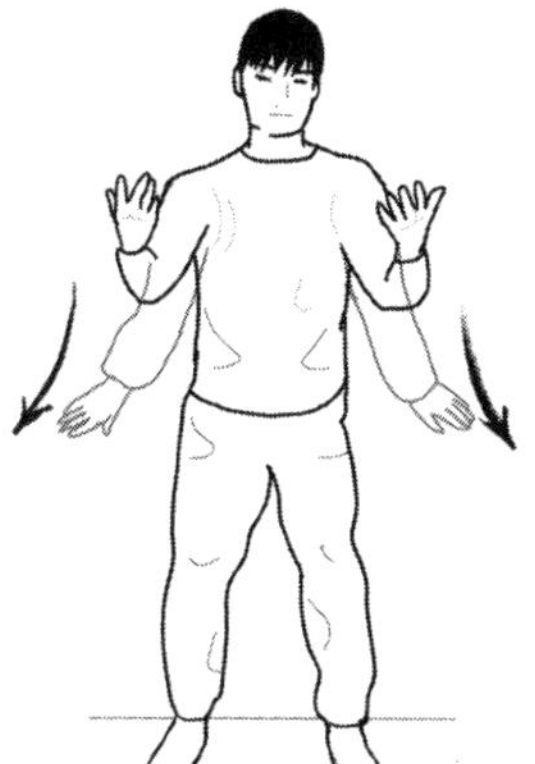
図64　水を払う。

図65　手三里。

手首…手を組んで手首をゆっくりほぐして回します（図66）。そのあと、組みにくい方に組んで同様にします。双方数回行い、次に指を一本ずつ丁寧に引っ張ってください。

ここまでで上半身の主要な関節四箇所が終わり、ここからは下半身に入っていきます。

腰…腰を徐々に大きく円を描くように右回し、左回しと時間をかけて回してください（図67）。

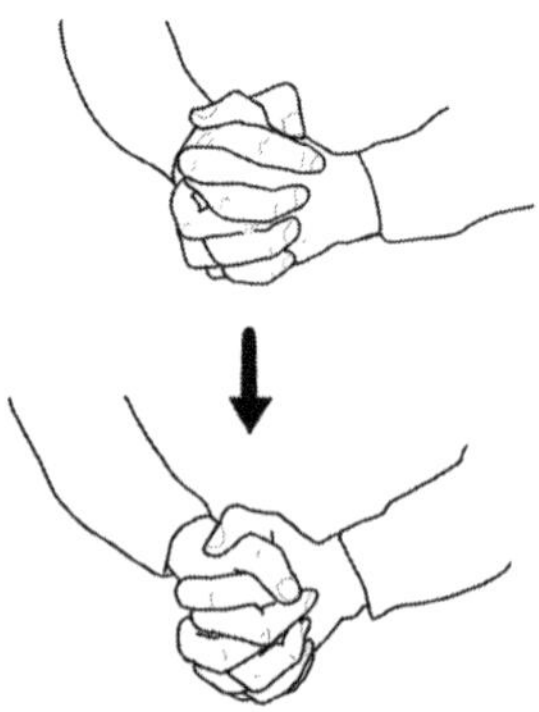

図66　手の組み替え。

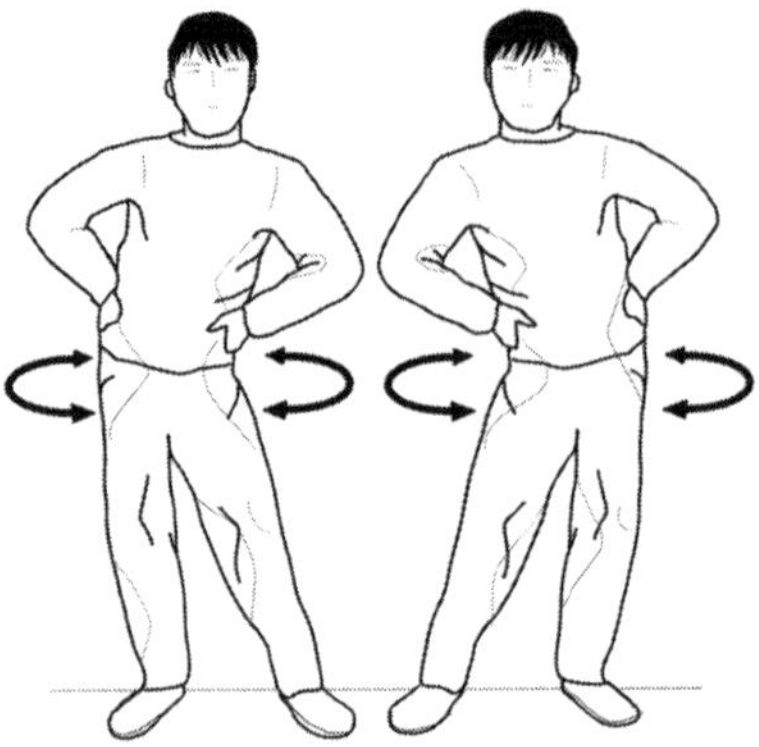

図67　腰を回す。

股関節…お相撲さんが四股をする形（腰割り）（図68）を作ります。お尻を沈めるようにして手を膝に置き、膝を外に押し出します。お尻がまっすぐ落ちているのを確認してから、一番下がった所で肩を入れて背中をねじります。しっかり沈めながら左右交代で数回ずつ捻ってください。注意点は足のスネを地面に対して垂直にすることなので、そのように説明してください。

図68　腰割り。

膝…膝の外側を擦ります。そのあと内側を擦り、今度は指先で膝頭を、円を描くように丸く揉んで（図69）から膝を揃えて左右に回します。膝を開いて腰を上げ下げして少し負荷をかける運動を入れておきましょう（図70）。また、足三里（注4・図71）のような手軽にマッサージできるツボを説明します。

足首（座式柔功）…片方の足を伸ばし、足首を太腿の上に置いて座ります。足首を内回り、外回りに左右数回ずつ回します（図72）。今度は足首を股関節に近づけて、数回、膝を軽く下に押してください（図73）。次に膝を抱えて背筋を伸ばして、ゆっくり鼻から息を吐きます（図74）。続いて、股関節を開いて蝶のように膝をパタパタと動かす蝶々のポーズをして身体を前に倒します（図75）。そして、足を伸ばして足先を手で持つようにします（図76）。ここでは無理して体を倒すのではなく、重力に身体を任せて倒すように指示しておきます。

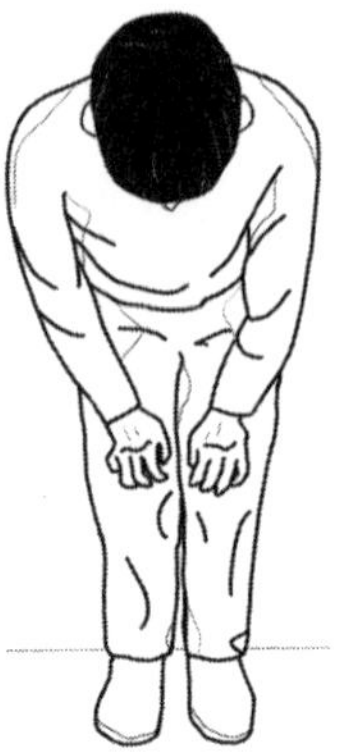
図69　膝を丸く。

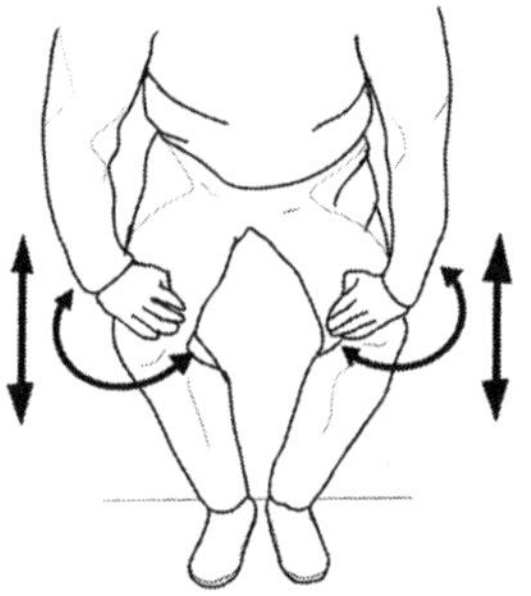
図70　膝を開いて上下。

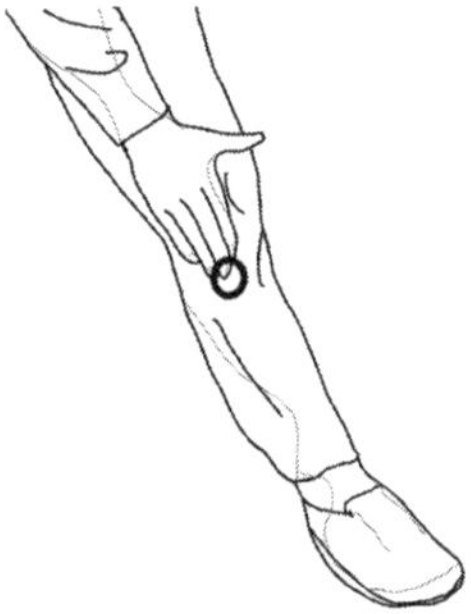
図71　足三里。

図74　膝を抱える。

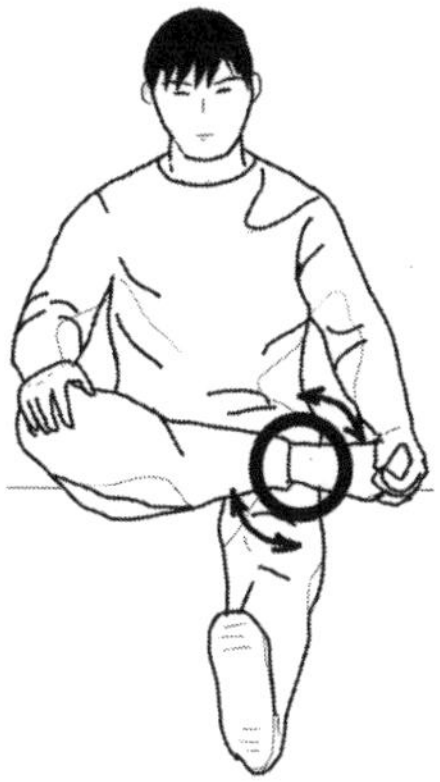

図72　太腿の上。

図75　蝶々。

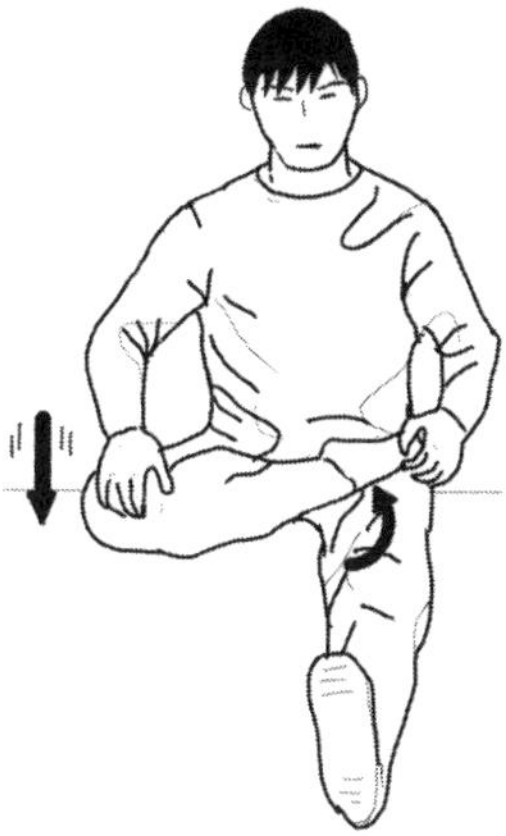

図73　股関節。

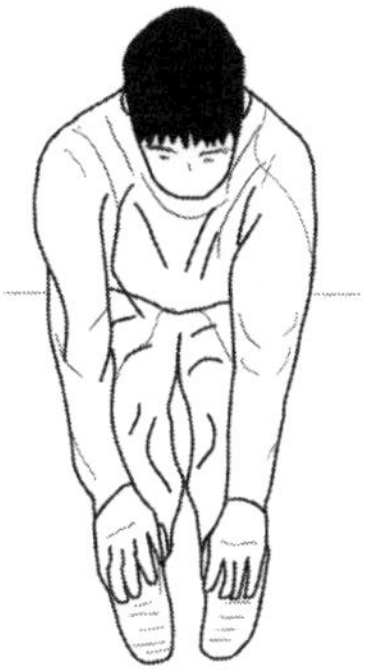

図76　前屈。

高齢者の場合は主要八関節の合間に道功とツボ（手三里、足三里）などの説明をして、体のメンテナンスと病気予防を意識して練功をいたします。**道功**を行うときも必ず鼻から息をゆっくり吐くように促してください。目や骨などの**道功**も一緒にするようにします。また、持病や怪我などにより、うまく身体を動かせない方には、できる限りで動くように指示してあげてください。総じて「できなくても構わない」という大前提で講座を行うと良いでしょう。夏場や寒い時期は少し早目に休憩を取っても構いませんが、状況判断をしっかりするようにします。

第二練功、高齢者「内臓へのアプローチ」

丹田マッサージ

最初に掌を温めてから、おへその下およそ八センチを、円を描くように両手を合わせてさすります。徐々に大きく呼吸と合わせるようにします。首から足首までの主要八関節の練功が身体の外周の血流や気の流れを促進します。そのあと丹田マッサージを施すことで内臓循環が向上して、全身が芯から温ま

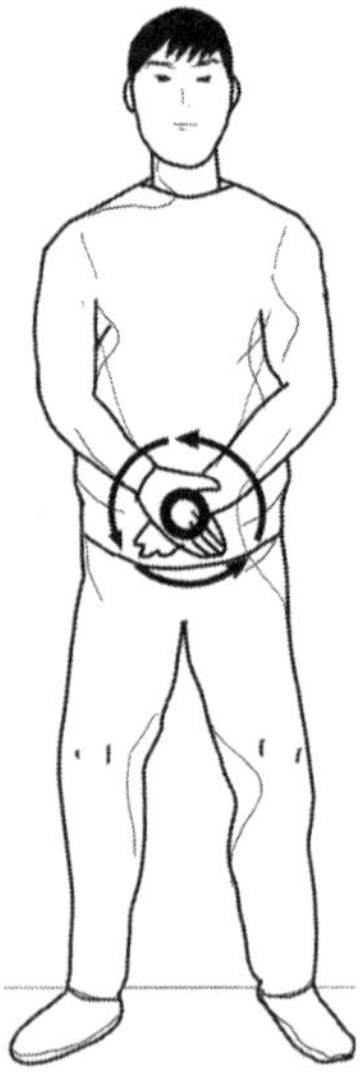

図77　丹田マッサージ。

ります。特に高齢者の方は手足が冷えたり内臓機能が低下したりしていますので、しっかりマッサージするように勧めてください。丹田マッサージには内臓疾患などの病気を遠ざける効果があるでしょう。このマッサージは内臓循環を安定させ、自律神経を整え、便秘、冷え性の改善などをもたらします（図77）。

第三練功、高齢者「静動功的気功」

ここから気功に入りますが、主たる目的は呼吸により再度、血流や気を循環させて自然治癒力の増進を促したり、精神を落ち着けて自律神経を安定させたりすることがねらいです。基礎気功を施せば、受講者の呼吸を胸式呼吸（浅い呼吸）から腹式呼吸（深い呼吸）に誘導することができます。

まず基礎気功を行います（図78）。その際に両腕を下から上に向けて浮き上がるように動かします。呼吸と手の動作を結合させて、外面（手の動作）と内面（内臓）がうまく合うと自然と呼吸が深くなります。両掌を胸前を経て下に落とし身体を少しかがめるときに、掌を落とす勢いに伴って、胸の膨らみ、肩の緩みを、息の吐くのと合わせます。そうして腹部を充実させ、気を丹田に沈ませます。説明を簡素にして、数回受講された方などが多く参加している場合は動作の意味について細かく説明します。そのあと、十二段錦（図79）の騎馬立ちで左右交互に拳を打つ動作をします。まず身体を深く沈めて太腿に負荷をかけます。腹式呼吸を正しく行い、血流の流れを促進させながら拳を打ちます。負荷をかける運動で筋力の増進を図るとともに、全身の血流を強く流すのがねらいです。しっかりと腰を落とすように指示しますが、きつい練功ほど楽しく朗らかにしてください。高齢者の場合は転ばないための体力作り（下半身強化）も要点になります。最後はクールダウンです（図80）。十二段錦の両手で体をさする練功です。腰から太腿、ふくらはぎ、続いて前方に回って足首、スネ、膝まわり、お腹、とゆっくりさすります。おしまいには、可能であれば写真を撮り、誰が受講して、どんな練習をしたか記録を残すようにしてください。

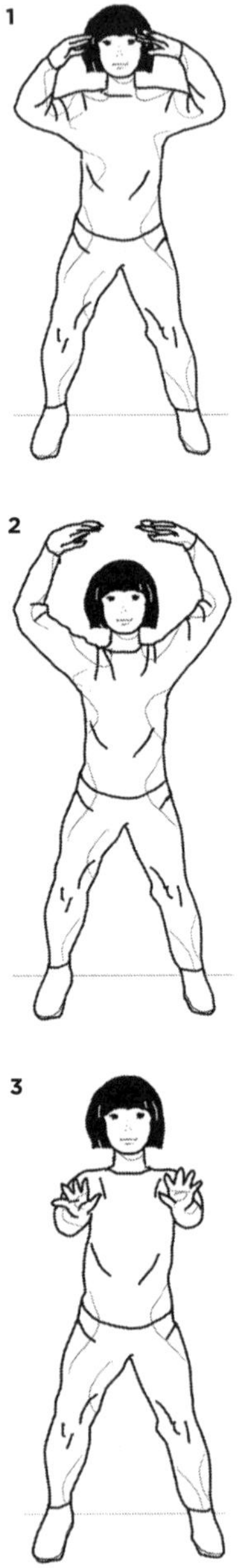

図78　基礎気功。

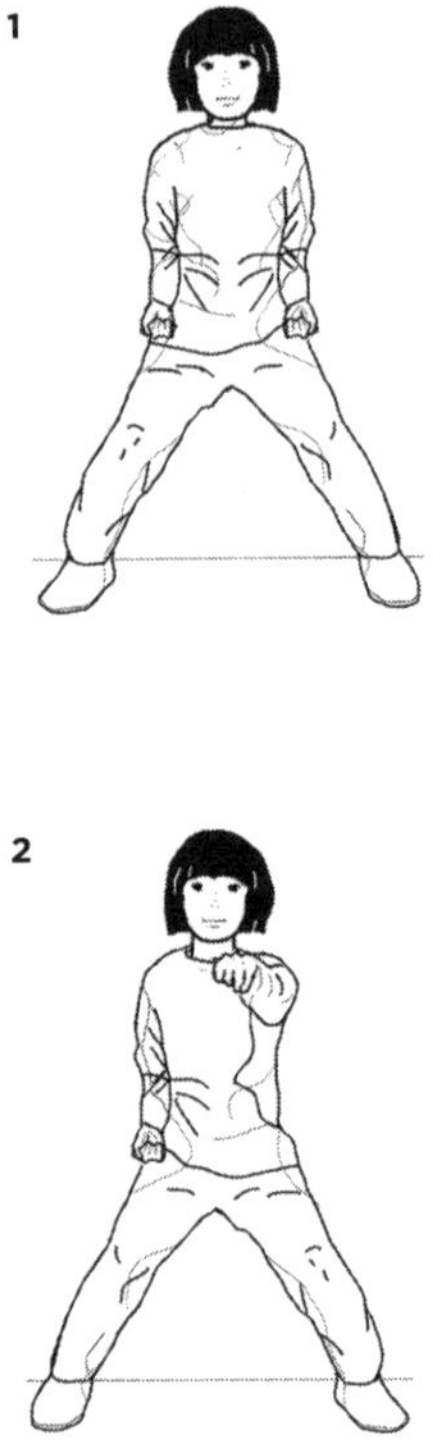

図79　十二段錦
（1、2を繰り返す）。

高齢者向けのメニューの場合

①主要関節のストレッチ。
②血流や気の循環を円滑にして滞りをなくす、病気予防（道功）。
③下半身と骨の強化。

これら三点に主軸を置くことが肝要です。身体の循環が滞れば痛みや病気が発生します。これは内臓も同様です。主要関節の可動域が広がれば血流や気が淀みなく流れますので関節炎などの慢性的な痛みの予防になるでしょう。さらに、自律神経が安定して良い精神状態を保てます。下半身の強化で筋力を鍛えて転倒をしない身体作りを目指します。同時に骨を強くする道功を採用すると非常に効果的でしょう。

今日では高齢者の中には、中高年の人より気力体力が充実しておられる方もいます。そのような方が多い

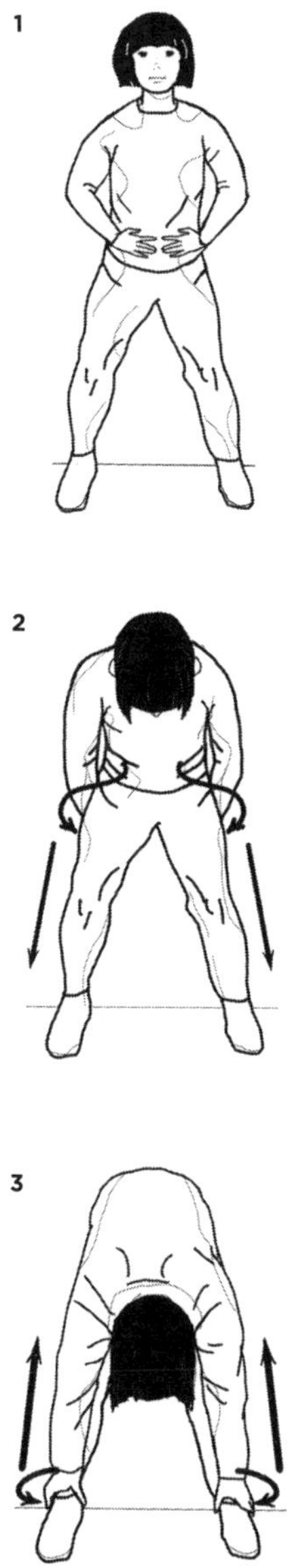

図80　十二段錦
（1、2、3を繰り返す）。

講座の場合は、事前に上級者向けの練功を一つ加えると伝えてみてください。目を輝かせながら張り切って練功される姿を目の当たりにできるでしょう。受講者が飽きないように様々な工夫をこらして指導していくのは道理ですが、まずは楽しく朗らかにするように心がけてください。「百歳になっても健康で」という具体的な数字などを掲げてするのも良いと思います。

（注１）内功とは、武術でいう身体の内側の練功で、呼吸法や瞑想など。
（注２）外功とは、武術でいう身体の外側の練功で、皮膚や筋力のトレーニングなど。
（注３）手三里は、肘を曲げた時にできるシワを基準におよそ五センチの箇所、効果は筋肉痛や首肩凝りの緩和など。
（注４）足三里は、膝の皿の下からにおよそ七センチの箇所、効果は筋肉痛や胃腸の疲れに効く筋肉痛などの緩和に効果がある。

最終章

拈華微笑

一　不立文字

これまで、一般、障害者、若年認知症、高齢者の指導法について述べてきました。最も大切なのは、生徒（対象者）を良く観察してイソップ物語の「北風と太陽」（注1）の「北風」にならないようにすることです。あくまで生徒（対象者）にとって何が良いかであり、それには自己の経験だけで教えず、「先入観」「偏見」「固定概念」という色眼鏡を外します。技術的指導が充実すれば「継続力」「判断力」「想像力」を主眼にした指導に切り替えます。

障害者、若年認知症、高齢者の方は聴力、視力、思考力、判断力などの心身機能が低下していると認識しておきます。聴覚情報（言葉を聞く）や視覚情報（見る）に加えて、触覚情報（直接触れる）を用いて体感的に学べるような指導も考慮しましょう。生徒（対象者）が武術を見たり聞いたりしても、なかなか理解できないのは、武術が「不立文字」だからです。自分で考え、体験や体感を通して理解することが大切なのは、読み書きで得た情報よりはるかに心に残りやすいはずだからです。また、指導で生徒（対象者）に直接触れた方が、情報が早く正確に脳に伝わりますし、概ね長く記憶にとどまりやすいです。それには、しっかりとした承認の関係を築き上げているということが前提です。

その他、五感を利用した指導の例ですが、体が強張っておられる方はガムを噛んで唾液の循環を促し、ガムの爽やかな味などで集中を安定させるように導きます。ただし、歯の具合を確認するなどの事前準備が必要です。それから、お互い言語が通じない場合でも、相手に情報を与える手段の選択肢として視覚や触覚情報を重点的に用いた指導に切り替えれば、そこに言葉の壁があっても指導を過不足なく行えるでしょう。

最後に、全ての講座に共通して必要なのは、受講者が朗らかに練習できる環境を準備することです。そして、練習が終わったあとの受講者をよく観察して、満足した面持ちで微笑んでいるか、辛そうにしている人には体調を気遣い、内容に不備がなかったかなどを確認して次の講座につなげるようにしてください。

（注1）「北風と太陽」は、イソップ寓話の一つ。そこから転じて、物事に対して厳罰で臨む態度と、寛容的に対応する態度の対比を表す言葉として用いられる。

二　武術の行末

武術とは「身体障害でも、精神疾患でも、言葉の壁があっても、学ぶことができる」。呂耀鉄師父の言葉であり武術の骨子でもあります。それには自己研磨、他者との承認関係、社会貢献が含まれています。最初に述べたように武術の奥深さは極限に達しているといわれており、技術的用法は完成した感があります。現代での武術の活用法を模索するにあたっては、生き甲斐、他者貢献、福祉活動などに目を向けていくことが重要視されます。それはあらゆる人にとって有効な手段であり、その活用の機会や選択は多岐にわたります。日本は指導面に関して文化的に、責任の所在を明確にしなかったり、また多様性を受け入れる素地が薄く、他者の欠点や障害に触れるのを憚る習慣があります。日本の指導者や公共施設が今でも障害のある人を受け入れることに消極的なのは、多くは差別的な意図ではなく、何かあったら責任が取れないという過剰なコンプライアンス（モラル遵守）によるものと考えられます。これは悪しき伝統「事なかれ主義」による支配です。この認識自体が差別的であるという問題意識を持っている人は、残念ながらまだまだ希薄です。

このような考え（事なかれ主義）を推し進めていくと、障害のある方、認知症の方、高齢者の方には「機会」というものが永久に巡って来ないことになるのです。指導者たちは武術の特性をしっかり理解して、全ての人が学べるように努める必要があり、武術の間口を狭めて門前払いをするようなことをしてはいけません。それはお互いを知るという機会が損なわれるだけでなく、社会をマイナスに発展させ、お互いに関わりを持たない方が良いという無関心社会を構築させてしまう恐れがあるからです。

社会を形成する最小単位は人間です。地域社会には心身に障害がある方、認知症の方、高齢者の方がおられます。この現実世界というのは、その方々をも含めて構成されているのです。全ての人がまさに社会の一員、一要素です。我々は言わば、その群れに属しています。事実、現代社会では誰もが一人では生きられず、ある日突然、頑強な人物も何らかの理由で誰かの助けが必要になるかもしれません。力ある者がやがて弱くなる、諸行無常が世の常であります。

指導者は、子供たちや次世代の人たちを積極的に障害者施設やその他支援施設に連れて行く必要があります。その場に身を置いて自分なりに見て感じ、幾多の判断をしながら行動する中で、子供は人のために尽くすということを自ずと学ぶことができます。これが武術のあり方の一つです。これらの経験を通して承認、対話、社会貢献など、お互いを知る機会が育まれ、人々を相互理解する機会が得られます。無関心こそが最たる罪悪です。関心を持てば正しいかどうかの分別がつくようになります。そのために、まず大人が率先して模範を示すことが最も重要です。大人も子供も武術で自己研鑽するだけでなく、社会貢献を体験することによって生きる喜びを感じることができるでしょう。先入観、偏見、固定概念から脱却すれば、世の中に完璧な人間など一人もいないと理解できます。これらの体験から、誰もが誰かの助けを必要としていることを認識すれば、素晴らしい社会になります。武術は痛みを知ることによって優しさを理解し、自分の心を耕し、成長させます。それだけでなく、全ての人と承認関係が築け、地域社会とより密接な関係を保ち、社会の進歩と発達を推進する原動力になり得ます。呂耀鉄師父は常々「武術を練習しなさい」と言っておられました。武術の最大の目標は宇宙と一体となることと言います。それは他者への優しさに他なりません。

あとがき

病院のベッド横ではモニターが規則正しくリズムを刻み、その傍らで右肋骨の間からチューブを通して肺に溜まった血をトラッカーが排出させています。父親が晩年、「チューブは体にきつい」と言っていたのが思い出されます。私は気力も体力もなく、ただただ気怠いという感じでテレビを眺めます。プロ野球の無観客試合が放送されていますが、何となくシニカルな自分と重ね合わせます。ファンのいないオープン戦のプロ野球と病院のベッドでただただ横たわる武術講師はお互い虚無な存在です。

交通事故で鎖骨を粉砕骨折し、右大胸筋が皮下出血で青くなり、右足は骨が見えるぐらいの外傷を負いました。手術中に肋骨の骨折が判明して外傷性気胸を引き起こし、肺に穴が開いて出血。術後はチューブでつながれました。このような状態になって初めて、身体が不自由な人のことが理解できるようになりました。障害者支援と言って指導していましたが、正直に告白しますと、心のどこかに「教えてあげている」という傲慢さがあったように思えます。講座では一生懸命教えていましたが、朦朧として病床に伏していたとき、心の奥底からポッカリと醜い感情が浮かび上がった感じでした。自分のことが自分でわからない。そんなバカなことはないと思っていましたが、自分の心ほど理解し難いものはないと実感しました。そういえば呂耀鉄師父は、「武術の第一段階は身体をコントロールする、これは誰でもできる。次に相手をコントロールする、これも難しくない。その次は環境をコントロールして、一番難しいのは何か。それは自分の心をコントロールすること」と仰っていました。心を制御できたら他を圧倒できると言われたのが印象的でしたが、今はその意味がわかるような気がします。生徒に怪我したらダメだからサポーターなどをするように諭しますが、生徒は痛めてからでないとサポーターのありがたさを理解しません。そのとき、私は「人は怪我したり痛めたりしてから初めてサポーターを着ける」と偉そうに言っていました。人は痛みを通して初めて理解すると大いばりで言っていた私も怪我を負って、初めて理解したものがありました。

本書を多くの人たちに読んでほしいと願っています。武術は人を傷つけるためのものではないのです。「人は何のために生まれてきたか」この大いなる命題に一つの光を照らすことができるのが武術であります。本書に関わっていただいた皆様、この場を借りてお礼を申し上げます。

日本 自然門武術

林 隆志

林隆志 ／日本 自然門武術 代表

広島県安芸郡府中町生まれ。1994年米国ニューヨーク渡米、2001年ニューヨーク同時多発テロを体験、様々なボランティア活動の支援に携わる。2001年デザイン会社NyyGを設立。2004、5年全米武術上級者部門連続優勝。帰国する2008年までニューヨークで武術指導。その後、中国福建省へ自然門武術、呂父師の元で武術を学び直す。帰国後、留学生には武術クラスを無料で解放し、一般クラスでは障害者も積極的に受け入れる。関西一円で指導、現在に至る。また、自然門武術は地域、学校、行政をつなぐ橋渡し役（コーディネーター）として、子どもたちや留学生が夢や希望をもって学び、将来を生きてほしいという願いで日々活動している。

◆林隆志公式サイト http://www.nyyg.com ◆メール book@nyyg.com

武術コミュニケーション

2021年5月21日 第1刷発行

著 者 日本《にほん》 自然門武術《しぜんもんぶじゅつ》 林隆志《はやしたかし》 師父《しふ》

発行者 太田宏司郎

発行所 株式会社パレード

大阪本社 〒530-0043 大阪府大阪市北区天満2-7-12
TEL 06-6351-0740 FAX 06-6356-8129

東京支社 〒151-0051 東京都渋谷区千駄ヶ谷2-10-7
TEL 03-5413-3285 FAX 03-5413-3286

https://books.parade.co.jp

発売元 株式会社星雲社（共同出版社・流通責任出版社）
〒112-0005 東京都文京区水道1-3-30
TEL 03-3868-3275 FAX 03-3868-6588

装 幀 イチカワタケシ

印刷所 中央精版印刷株式会社

ISBN 978-4-434-28628-5 C0075